Ullstein

Über das Buch

Kein Schüler, der nicht mit einem Stift von Faber-Castell schreiben lernte. Unter der Maxime „Die Kunst des Schreibens mit den richtigen Geräten" übernahm Lothar Faber 1836 mit 19 Jahren die Bleistiftfabrik des Vaters. Ihm gelang es, das Alltagsprodukt Bleistift zu einem wertvollen Schreibutensil zu machen. Auch im Zeitalter der Schreibmaschine und vor allem des Computers bleiben die Schreibgeräte aus dem Haus Faber-Castell die Garanten für den persönlichen Ausdruck.

Über die Autorin

Juliane Nitzke-Dürr, geboren 1950 in Gräfelfing, arbeitete nach Abitur und Philologie-Studium 13 Jahre als Redakteurin bei der Münchner Abendzeitung und ein Jahr beim Fernsehsender Pro Sieben. Heute ist sie als freie Journalistin hauptsächlich für die TV-Zeitschrift GONG in München tätig.

Juliane Nitzke-Dürr

Lothar
Freiherr von Faber

Ullstein · Made in Germany

Ullstein Buchverlage GmbH & Co. KG, Berlin
Taschenbuchnummer: 35872

Originalausgabe
September 1999

Umschlaggestaltung: Simone Fischer und Christof Bernd
Unter Verwendung von Fotos der A.W. Faber-Castell GmbH & Co,
Stein

Alle Rechte vorbehalten
© 1999 by Ullstein Buchverlage GmbH & Co. KG, Berlin
Redaktion und Satz:
Kontor für Kultur und Kommunikation Saur GmbH, Ebenhausen
Grafik: Georg Lehmacher, Friedberg
Druck und Verarbeitung: Clausen & Bosse, Leck
ISBN 3-548-35872-1

Gedruckt auf alterungsbeständigem Papier
mit chlorfrei gebleichtem Zellstoff

Die Deutsche Bibliothek –
CIP-Einheitsaufnahme

Nitzke, Juliane:
Lothar Freiherr von Faber / Juliane Nitzke. - Orig.-Ausg. - Berlin :
Ullstein, 1999
(Ullstein-Buch : 35872)
ISBN 3-548-35872-1

Inhalt

Eine illustre Firmengeschichte	9
Wie alles begann: Die ersten drei Generationen	11
Der erste große Unternehmer: Lothar von Faber	21
Der soziale Chef: Das Privileg, ein Faberer zu sein	45
Expansion und Marketing	61
Politik	85
Projekte und Visionen	93
Die Konkurrenz aus eigenem Haus	105
Aus der Familie Faber wird Faber-Castell	123
Die Unternehmens-Erben bis in die Gegenwart	129
Die Firma A.W. Faber-Castell heute	147

„Mir war es von Anfang an nur darum zu tun, mich auf den ersten Platz emporzuschwingen, indem ich das Beste mache, was überhaupt in der Welt gemacht wird!"

Lothar von Faber, 1869

„Wir setzen alles daran, Faber-Castell als eine führende Marke den Verbrauchern in *aller* Welt nahe zu bringen – dem Markt und dem Unternehmen zuliebe!"

Anton Wolfgang Graf von Faber-Castell, 1994

Eine illustre Firmengeschichte

Mehr als 15.000 Menschen besuchten im Winter 1998/99 das altehrwürdige Schloß in Stein bei Nürnberg, um sich die Ausstellung „Ottilie und Alexander. Zur Geschichte des Namens Faber-Castell" anzusehen. Anlaß, die Adels-Pforten fürs Volk zu öffnen, war der „Ritterschlag" des Bleistift-Unternehmens vor genau 100 Jahren: Am 28. Februar 1898 heiratete Freiherrin Sophie Ottilie von Faber den Grafen Alexander zu Castell-Rüdenhausen, und wenn ihre Ehe auch wenig glücklich verlief, verhalf die Werkserbin damit doch Industrie und Hochadel zu einer äußerst fruchtbaren Vereinigung.

So groß war der Andrang, daß Anton Wolfgang Graf von Faber-Castell, Firmenchef in der achten Generation, die Ausstellung immer wieder verlängern ließ. Nicht nur Stifte, die Geschichte machten, wie Bismarcks Bleistift oder der Federhalter von König Ludwig

II., gab es da zu bestaunen, sondern auch private Briefwechsel, das schriftliche Vermächtnis des Firmengründers Lothar von Faber, bislang noch nie in der Öffentlichkeit gezeigte Gemälde und Möbel sowie die Privatgemächer der unglücklichen Ottilie von Faber-Castell, der die Münchner Schriftstellerin Asta Scheib im selben Jahr eine 500 Seiten starke Romanbiographie widmete.

Kein Wunder, daß die Geschichte der Bleistift-Dynastie auf so großes öffentliches Interesse stößt. Millionen Menschen schreiben, zeichnen, markieren, notieren, malen und signieren heute tagtäglich mit Stiften der Firma Faber-Castell. Und die Geschichte dieser Firma birgt wahrlich Stoff genug für den Romanautoren: Sie handelt von revolutionären Ideen und Unternehmergeist, von Erfindungen und großen Würfen, von Aufschwung und Rückschlägen und nicht zuletzt von Liebe und Firmenpolitik, zwei zumindest für Ottilie von Faber-Castell unvereinbare Gegensätze.

Der Gründungs-Standort und heutige Sitz von Faber-Castell in Stein. Links oben das Faber-Castell-Schloß

Wie alles begann:
Die ersten drei Generationen

Caspar Faber (1730 bis 1784)

Die Geschichte des Hauses Faber-Castell beginnt im 18. Jahrhundert, im Zeitalter des ausgehenden Absolutismus und der Aufklärung. Österreich und Preußen führen den „Siebenjährigen Krieg", in Bayern regiert Kurfürst Maximilian III. In England und Frankreich entwickelt sich die neue Wirtschaftsform des Merkantilismus, in Deutschland behindern Kleinstaaterei und eine Unmenge von Zoll- und Zunftschranken den wirtschaftlichen Fortschritt. Bis es auch hier freien Handel und offene Märkte gibt, wird noch viel Zeit vergehen. Es ist die Zeit des Rokoko, die Damen tragen Hauben und Reifröcke, die Herren gepuderte Perücken.

In dieser Zeit bewies der Urvater der Firma Faber-Castell bereits einen erstaunlich unternehmerischen Geist: Als fahrender Handwerksbursche war Caspar

Faber aus dem Dorf Langenzenn in der Nähe von Fürth Mitte des 18. Jahrhunderts nach Stein gekommen. Urkundlich erwähnt wird der Schreinergeselle erstmals am 21. Juni 1758, als er die junge Witwe Maria Hopf, geborene Bußo heiratet. Maria ist die Tochter des angesehenen Steiner Schreinermeisters und Künstlers Adam Bußo, und dieser befaßt sich seit geraumer Zeit mit dem schwierigen und von zahllosen Auflagen eingeschränkten Gewerbe des „Bleyweißstefftmachens". Begierig, etwas Neues zu lernen, läßt sich Caspar Faber vom Schwiegervater und seinem Schwager Johann Abraham Bußo in die Kunst einweisen, er lernt schnell, wie man aus Holzbrettchen und Graphit „Bleysteffte" herstellt.

Diese ersten Bleistifte entstanden damals durch das Zusammenleimen von „Nuten und Deckeln", wie

Die Werkstatt eines „Bleyweißschneiders" um 1700.
Mit Bleyweiß wurde Graphit bezeichnet

Eduard Schwanhäußer in seiner Dissertation über *Die Nürnberger Bleistiftindustrie* schreibt: „Unter Nuten versteht man ein vorläufig noch viereckiges Stück Holz, in dessen Mitte mit einem sogenannten Stichhobel der Länge nach eine Rinne gestoßen ist. Diese darf indessen nur so tief sein, daß sie durch den Bleikern vollkommen ausgefüllt wird. Ist dieser Bleikern eingelegt, so wird nun auf die Nute ein Deckel geleimt, sodaß nun der Graphit vollkommen eingeschlossen ist. So haben wir jetzt auch hier einen viereckigen Bleistift vor uns, der erst durch die Bearbeitung mit dem Rundhobel seine runde Form erhält."

1787

Caspar Faber macht sich 1761 mit der Fabrikation von Bleystefften selbständig, dieses Jahr gilt seither als Gründungsjahr der Firma Faber-Castell. Er verdient mit seinen Stiften wesentlich mehr als an der Hobelbank, doch seine Frau Maria muß sie noch auf dem Markt zu Nürnberg feilbieten: Bleysteffte aus rotem Holz bringen 28, die weißen 18 Kreuzer pro Stück. Es war nicht leicht für Caspar Faber, die eigene kleine Werkstatt für handgehobelte und geleimte Graphitstifte einzurichten, denn Bleyweißmachen war keine Zunft und deshalb von strengen Auflagen reglementiert. Zu großem Wohlstand hat er es wohl kaum gebracht, wie eine gerichtliche Urkunde von 1786 besagt: 59 Gulden betrug damals das Vermögen Caspar Fabers. In seinem kleinen Lager fand sich neben selbstgefertigten auch eine Auswahl „englischer Bleysteffte", die sich weitaus besser verkaufen ließen, als die einheimischen Produkte. Das Label

Der amerikanische Kongreß gibt dem Land die erste Verfassung, die die Grundrechte insbesondere auf freie Meinungsäußerung und die Unverletzlichkeit der Privatsphäre festschreibt.

„Made in Germany" besaß nämlich damals noch keinen Wert.

Anton Wilhelm Faber (1758 bis 1819)

Caspar Fabers Sohn Anton Wilhelm wird am 21. Juni 1758 in der 500-Seelen-Gemeinde Stein geboren und interessiert sich schon bald für das Handwerk seines Vaters. Auch Anton Wilhelm beweist Unternehmergeist: Am 29. April 1783 kauft er seinem zukünftigen Schwager, dem Metzger Stephan Gundel, für 1150 Gulden den sogenannten Unteren Spitzgarten ab, den Grund, auf dem die Steiner Firma Faber-Castell noch heute steht. Natürlich konnte Anton Wilhelm am Anfang seiner „Karriere" nicht so einfach über diese für damalige Zeiten äußerst hohe Summe verfügen, er zahlte 373 Gulden in bar und stotterte den Rest ab.

Das Schicksal meinte es mit Anton Wilhelm besser als mit seinem Vater, der sich abrackerte und doch auf keinen grünen Zweig kam. Anton Wilhelm Fabers kleine Bleistift-Fabrik florierte, so daß die Räume bald nicht mehr ausreichten und Faber immer wieder anbauen ließ, was ihm offenbar keine größeren finanziellen Probleme bereitete. Er war ein wohlhabender Mann geworden, das zeigt auch die Tatsache, daß sich die Gemeinde Stein im Jahre 1809 die stolze Summe von 1000 Gulden von ihm lieh – das Geld wurde dringend gebraucht für die Verpflegung der durch die Stadt ziehenden Soldaten.

Im Jahre 1812 war Anton Wilhelm Faber bereits so weit, daß er ein zweites großes Gebäude auf seinem Anwe-

Haus und Werkstatt Anton Wilhelm Fabers in Stein

sen bauen konnte. Er richtete dabei gleich eine Bleischmelze ein, dazu eine Roßmühle zur Zerkleinerung des Graphits, womit er als erster „Unternehmer" in Franken Pferdestärken für die Fabrikation seiner Bleistifte einsetzte.

Daß das Bleystefftmachen keine Zunft war, wirkte sich jetzt positiv auf die Entwicklung des Gewerbes aus: Die Arbeitsstrukturen waren nicht so streng festgelegt wie bei einem zünftigen Gewerbe, in dem nur männliche Arbeiter beschäftigt werden durften, ausschließlich Gesellen und Lehrjungen, die wiederum nur in der Werkstatt und nicht von zu Hause aus arbeiten durften. So konnte die Bleistift-Fabrikation wesentlich flexibler und rentabler organisiert, Frauen und Kinder als billige Arbeitskräfte herangezogen und eine bessere Arbeitsteilung eingeführt werden. 1809 waren bei A.W. Faber zehn Arbeiter angestellt, bei Gutknecht, der zweitgrößten Stiftfirma in Stein, waren es zwölf. Auch

Heimarbeit wurde in diesem Gewerbe vergeben, was die Sache natürlich noch einmal preiswerter machte. Kein Wunder, daß die Zahl der vor den Toren Nürnbergs tätigen Bleistiftmacher schon gegen Ende des 18. Jahrhunderts auf sechzehn gestiegen war.

1811

Wie es damals auf dem Faberschen Fabrikgelände aussah, wissen wir ziemlich genau dank einer Erhebung der Bayerischen Regierung aus dem Jahre 1810:
„Die zwei Häuser im Unteren Spitzgarten, das vordere mit 2 Stuben, 2 Kammern und 1 Küche im Parterre, im ersten Stock mit 2 Stuben und 2 Kammern, wozu noch 3 Bodenkammern kamen, das hintere im Erdgeschoß mit 3 Zimmern, 4 Kammern, 3 Küchen, 1 Roßmühle und 1 Bleischmelze, im ersten Stock mit 2 Stuben, 1 Kammer und 2 Küchen, wurden damals in einem Wert von 3000 Gulden eingeschätzt. Dazu kam noch 1 Scheune im Wert von 500 Gulden und 1 Morgen mit Bäumen besetztes Gartenland im Wert von 400 Gulden".

Der berühmte Schauspieler August Wilhelm Iffland wird Direktor des Nationaltheaters in Berlin. Nach ihm ist die Schauspiel-Auszeichnung Iffland-Ring benannt, dessen Träger ihn auf Lebzeiten erhält und per Testament an einen Nachfolger vermacht.

Die große Bedeutung Anton Wilhelm Fabers für die Entwicklung Steins zum Industrieort beschreibt Gerhard Hirschmann 1962 ausführlich in seiner Geschichte *Stein bei Nürnberg*.

Georg Leonard Faber (1788 bis 1839)

Mit 52 Jahren schenkte A.W. Faber seinem gerade 22jährigen einzigen Sohn Georg Leonard den Unteren

Spitzgarten zu dessen Hochzeit. Der neue Chef hatte es wieder ein wenig leichter, denn nachdem das Rugsamt 1808 aufgehoben worden war, gab es keine Unterschiede mehr zwischen berechtigten Meistern und sogenannten Stümplern; nach einem von Staatsminister Maximilian Montgelas eingeführten Konzessionssystem bestand jetzt eine gesetzlich verankerte Bleistift-Gerechtigkeit. Das bedeutete für die Bleistiftmacher vor allem größere Freiheit, was den Vertrieb anging: sie durften, natürlich nach Entrichtung der entsprechenden Zölle, ihre Stifte ab jetzt im ganzen Land und allen Städten feilbieten.

Allerdings mangelte es den Unternehmern jener Zeit noch arg an Geschäftssinn, was Rentabilität und Finanzen anging. Zwar baute Georg Leonard Faber noch einmal drei neue Häuser in den Unteren Spitzgarten, doch hatte er unter der harten Konkurrenz sehr zu leiden. Die bahnbrechende Erfindung des Franzosen Jacques Conté in der Graphitaufbereitung – er schlämmte den Graphit nach der Zerkleinerung, vermischte ihn mit Ton und brannte ihn anschließend als Keramik – verdrängte nach und nach die alte Methode des Schneidens und Schmelzens, führte zum allgemeinen Rückgang der Nürnberger Bleistiftindustrie und fügte auch der Faberschen Fabrik schwere Verluste zu: Französische und englische Produkte waren einfach billiger und besser. Die Reaktion der Nürnberger Kaufleute auf den drastischen Rückgang ihrer Produkte hätte um ein Haar zu ihrem allgemeinen Untergang geführt. Um die Preise noch einmal zu unterbieten, stellten sie zeitweise Bleistifte her, die nur noch im oberen und unteren Teil mit Graphit gefüllt waren, der restliche Stift bestand aus unbrauchbarem Holz. Mit solchen Methoden machten sie es der ausländischen Konkurrenz leicht, die einheimischen Produkte sogar im Erzeugerland fast gänzlich vom Markt zu verdrängen.

Doch es war damals ohnehin nicht einfach, die Bleistifte an den Mann zu bringen. Obwohl Georg Leonard bei Geschäftsübernahme über ein Vermögen von 24.000 Gulden verfügte und damit ganz andere Startchancen als noch sein Vater gehabt hatte, trug seine Frau die Stifte noch immer jeden Samstag im Weidenkorb auf ihrem Rücken zum Markt. Ihr Mann war nicht imstande, sein Kapital zu mehren, im Gegenteil, er wirtschaftete den Betrieb sogar ziemlich weit herunter, wie sein Sohn Lothar später erkennen sollte. War es mangelnder Unternehmergeist, waren Napoleons Kriege schuld mit allen damit verbundenen wirtschaftlichen Rückschlägen? Wir wissen heute, daß es in der immer noch kleinen Werkstatt Georg Leonard Fabers an entsprechender Organisation fehlte, wie auch Dieter Eich 1969 in seiner Diplomarbeit über *Lothar von Faber* an der Universität Erlangen schrieb:

„Es gab keine persönlichen Beziehungen zwischen dem Fabrikanten und seinem Abnehmer, dem Zwischenhändler, oder zwischen diesem und dem eigentlichen Abnehmer. Das Produkt war Gegenstand weitläufiger Handelsspekulation und mußte oftmals lange, verschlungene Wege durchlaufen, bis es schließlich in die Hände des Konsumenten gelangte, wobei diesem der Ursprung der Ware völlig unbekannt blieb. Das war bewußt so eingerichtet, denn um die Fabrikanten in

Abhängigkeit zu halten und somit den Preis, Güte und Menge der Waren diktieren zu können, gestatteten die Kaufleute ihnen nicht, ihre besseren Produkte mit ihren Namen zu versehen, sondern schrieben ihnen fremde Namen oder nichtssagende Zeichen wie Harfe, Sternchen oder ähnliches vor."

Georg Leonard Faber

Die immer stärker werdende Konkurrenz versucht Faber mit ausländischen Namen für seine Produkte und immer niedrigeren Preisen zu bekämpfen, eine Rechnung, die natürlich auf Dauer nicht aufgehen kann. So sehr er sich auch müht und arbeitet, die Umsätze gehen Jahr um Jahr zurück, und das Vermögen wird immer kleiner. Jahrzehnte später analysiert es sein Sohn Lothar in einem Brief an seinen Bruder Eberhard so:

„Das Wissen, die Kenntnisse, die Bildung des Vaters gieng nicht über jene der ersten Männer in Stein hinaus. Er hatte nur Wissen und Kenntnisse dessen, was vom Großvater auf ihn übergieng, er kannte seine Fabrik nur von innen. Die Concurrenz anderwärts: in Regensburg, in Wien und in London war unvergleichlich intelligenter als er, er sah und fühlte sich von ihr erdrückt, sodaß er schließlich die Mutter damit tröstete, daß, wenn die Fabrik auch zurückgehe, man ja doch noch den Feldbau habe. Das bei seinem Tode vorhandene Gesamtvermögen entzifferte ca. 3000 fl., während der Großvater sozusagen mit Wenigem, vielleicht mit ca. 1000 fl. beginnend, 18faches Vermögen hinterlassen hat."

Graphit – der färbende Bestandteil einer Bleistiftmine – wird aus Gruben abgebaut. Hier ein Blick in das Graphitbergwerk von A.W. Faber in Sibirien um 1860

Der erste große Unternehmer: Lothar von Faber (1817 bis 1896)

Am 12. Juni 1817 wird Johann Lothar Faber im Unteren Spitzgarten geboren. Seine Eltern Georg Leonard und Sophie Faber, geborene Kupfer, müssen auf jeden Pfennig sehen, auch wenn von den sechzehn Kindern nur drei Buben und zwei Mädchen am Leben bleiben. In Stein gab es damals noch keine Schule, weshalb die Kinder zunächst die Volksschule in Großreuth bei Schweinau besuchen, bis 1859 auch in Stein die erste Volksschule eingeweiht wird.

„Da der Vater schon früh erkannte, was ihm mangelte", schreibt Lothar 1889 in einem Brief, „daher sein oft gebrauchter Ausspruch, daß er uns Brüdern (Eberhard, Lothar und Johann) Alles lernen lassen wolle, was wir wünschen." Lothar wird nach der Volksschule auf die Lateinschule in Nürnberg geschickt, und danach, weil für den Vater feststeht, daß er einmal die Firma übernehmen wird, zur Lehre in das Nürnberger Bankhaus J.

1831

Ein Jahr vor seinem Tod beendet Johann Wolfgang von Goethe den Faust II. Seitdem er 1773 den „Urfaust" geschrieben hatte, beschäftigte ihn das Werk um Wissen, Macht und Verführung sein ganzes weiteres Leben.

C. Knopf, wo Lothar wichtige kaufmännische Kenntnisse erwirbt, die dem Vater wohl immer verschlossen blieben: zum Beispiel die doppelte Buchführung. Mit dieser ersten fundierten Ausbildung eines Faber-Sprosses begann, so Jürgen Kocka in seiner Untersuchung über *Unternehmer in der deutschen Industrialisierung*, einer „der zweifellos wichtigsten inner-generationellen Aufstiegswege im industrialisierenden Deutschland."

Lothar Faber sollte durch seine Ausbildung optimal auf seine zukünftige Rolle als Unternehmer vorbereitet werden. Er hat seinen Bildungsweg allerdings später bedauert, zu gerne hätte er noch länger die Nürnberger Realschule besucht, sich intensiver mit den Fächern Musik und Kunst beschäftigt, die ihm nicht nur große Freude machten, sondern die er auch als Teil einer nicht zu vernachlässigenden Allgemeinbildung empfand. Nicht so der Vater: Mit 14 nimmt er Lothar aus der Schule, eine Banklehre erscheint ihm wesentlich sinnvoller, als die Beschäftigung mit den schönen Künsten. Der Sohn muß sich fügen, doch er beschließt, das Versäumte später nachzuholen.

Während seiner Lehrzeit in der Nürnberger Bank lernt Lothar fleißig: alles über das Zollwesen, die Spedition, die Buchführung und den Kolonialwarenhandel. Er arbeitet auch schon aktiv im väterlichen Betrieb, fährt jeden Sonntag mit der Postkutsche nach Stein, um sich

Mit diesem hölzernen Reisekoffer, gefüllt mit Musterartikeln der Firma „A.W. Faber", reiste Lothar von Faber zu den Händlern im In- und Ausland

um die Buchhaltung des Betriebs zu kümmern. Nach Beendigung seiner Banklehre arbeitet Lothar noch ein Jahr als Commis, bevor er 1836, gerade 19jährig, endgültig in die Firma Faber eintritt.

Als erstes stellt Lothar Faber eine Musterkollektion aller damals hergestellten Bleistifte zusammen und beschließt, seine erste Geschäftsreise zu unternehmen: Würzburg, Aschaffenburg, Frankfurt, Mainz, Wiesbaden, Koblenz, Bonn, Köln, Aachen, Lüttich, Brüssel, Lille, Amiens, Arras und schließlich Paris sind die Stationen dieser in Anbetracht der mühseligen Möglichkeiten der Fortbewegung sehr beachtlichen Reiseroute, die allerdings nicht den erhofften Erfolg bringt. Lothar begreift, daß er noch nicht ausgelernt hat, und bewirbt sich bei Patonié & Cie., der damals bedeutendsten Schreibgeräte-Firma in Frankreich. Der eifrige junge Mann aus Bayern wird genommen und hat nun Gelegenheit, sich über moderne Methoden der Herstellung sowie neue Formen der Produktgestaltung zu informieren. Die in Paris gesammelten Erfahrungen wird Lothar später als die wichtigsten seiner Lehr- und Wanderjahre begreifen, schon von Paris aus versucht er seinen Vater in einem regen Briefwechsel von den dringend notwendigen Modernisierungsmaßnahmen zu überzeugen. Die überlieferte Korrespondenz zeigt, wie ungemein motiviert und interessiert bereits der junge Lothar Faber an der väterlichen Firma war.

In Paris, einer Stadt, die Lothar zeitlebens fasziniert hat, erkennt der geborene Geschäftsmann, daß er die Schranken des heimatlichen Städtchens durchbrechen und den Weltmarkt für sich erobern muß. Lothar

Polygrades waren die ersten deutschen Qualitätsbleistifte, die Lothar von Faber schuf. Die Etiketten waren in Gold gedruckt

Fabers erster Streich: Er gründet 1837 ein Bleistift-Depot in Paris. Daß er aus der Ferne noch keinen Einfluß auf die Verbesserung seiner Fabrikate nehmen kann, ärgert ihn. 1869 schreibt er in der Rückschau: „Ich kam daher auf die Idee meine Bleistifte unter einer neuen Namensbezeichnung, unter einer neuen Bindart und unter neuen Etiketten in den Markt zu bringen. Ich schuf damals die Polygrades Etiketten und die Polygrades Bindart der runden Stifte."

Eine erste mutige Entscheidung des jungen Mannes als Unternehmer, der später ganz erstaunliche unternehmerische Wege einschlagen wird. Bei dem „Polygrades"-Bleistift handelte es sich um einen Stift mit ganz neuer Bindeart, den es in verschiedenen Härten zu kaufen gab. Außerdem läßt Lothar in Paris Holzschachteln anfertigen, in die er sieben sogenannte englische Bleistifte legt, von denen jeder einen unterschiedlichen Härtegrad besitzt, und die er durch Pariser Kommissionäre für einen Gulden 45 Kreuzer nach Deutschland verkaufen läßt. Doch Lothar war immer klar, daß „das beste Mittel freilich immer die Qualität eines Fabrikats (ist), doch so lange ich in Paris war, konnte ich zu Hause keine Verbesserung erzielen, dazu war es nöthig selbst Hand anzulegen, was mir erst nach meiner Rückkunft auf die Fabrik möglich war."

Die Auslandsreisen des jungen Lothar Faber waren in einer Zeit, da man wenig wußte über die Fabrikationsmethoden in den wirtschaftlich überlegenen Länder England und Frankreich, von unschätzbarem Wert, eine Art fortgeschrittene Form der früheren Handwerker-

Wanderschaft sozusagen. Wobei der Unternehmer in spe keine Hemmungen hatte, in der Pariser Firma etwas zu betreiben, was wir heute als Werksspionage bezeichnen – er suchte Anschluß an die Branche, mit dem erklärten Ziel, die gewonnenen Erkenntnisse so schnell wie möglich im eigenen Betrieb anzuwenden: „Über Alles behielt ich aber in Paris meinen künftigen fabriklichen Beruf im Auge und sann schon in Paris darüber nach, welche Mittel ich zu ergreifen habe, um einstmals mit meinen Fabrikaten die ganze Welt zu beherrschen."

Nicht gerade bescheiden. Aber Bescheidenheit ist ja nun auch eine Tugend, die im unternehmerischen Bereich keine Meriten einbringt. Erstaunlich, daß Lothar so viel Selbstbewußtsein mitbrachte, wurde er doch von seinem Vater immer wieder hart ausgebremst. Zum Beispiel, als er ihn nach Abschluß der Lehre bei Patonié bittet, ihm ein einjähriges Studium zu finanzieren, um sich theoretisch-intellektuell besser auf seinen künftigen Beruf vorbereiten zu können. Der Vater schlägt ihm diese Bitte ab, worauf Lothar 1838 zu der Firma Rouger wechselt, die neben dem mit Deutschland auch einen regen Handel mit Italien betreibt. Drei Jahre lebt Lothar in Paris, als ihn die Nachricht vom Tod seines Vaters am 19. Juli 1839 erreicht. Die geplante Reise nach London fällt nun kürzer aus als geplant, mit 22 Jahren wird Lothar Faber in seine Heimat zurückgerufen, um als Firmenchef das Erbe des Vaters anzutreten. Nach einer

1838

Charles Dickens schreibt in England seinen Roman „Oliver Twist" über die Herkunft und das Schicksal eines Jungen der Unterschicht. Mit diesem Roman beeinflußt er maßgeblich die Bestrebungen nach einer sozialen Gerechtigkeit in seinem Land.

fast zwölfjährigen Lehr- und Wanderzeit fällt es dem jungen Mann recht schwer, in das verschlafene Nest Stein zurückzukehren:

„In den schönsten Lebensjahren, mitten aus dem schönen rauschenden Weltleben heraus, ward ich auf einmal an einen stillen, traurigen Ort geworfen, wo ich nach der Tagesarbeit nichts hörte als das monotone Rauschen des Wassers, wenn es über das Wehr fiel … Oh, es war für mich ein harter schwerer Übergang von einem Extrem in das andere!"

Der Zustand der väterlichen Fabrik macht Lothar große Sorgen. Kaum mehr als 20 Arbeiter sind noch beschäftigt, das verbliebene Vermögen beläuft sich bei der Aufstellung des Inventars am 11. Juli 1840 auf 3000 Gulden, einen noch von der Mutter angenommenen Auftrag sagt Lothar ab, weil er erkennt, daß er völlig unrentabel ist. Der Jahresumsatz betrug damals gerade mal 12.000 Gulden, Lothars Mutter Sophie – „eine der besten Frauen, die beste, die ich je gesehen und gekannt …" – hatte sich redlich bemüht, die Geschäfte zu führen, doch sie konnte den Verfall der Fabrik nicht aufhalten. „Die Mutter … besaß einen ganz unvergleichlichen zähen Fleiß", schreibt Lothar in einem im Original verlorengegangenen Brief vom Mai 1869 (eine unvollständige Abschrift befindet sich im Besitz von Roland Graf von Faber-Castell). „Ich habe nie in meinem ganzen Leben eine ebenso fleißige Frau kennengelernt, sie war unverdrossen in der Arbeit, ihrem Fleiß ist es zu danken, daß die Fabrik nicht ganz zugrunde gegangen ist. War der Vater auf der Jagd oder beim Tarok oder sonstwo in den Wochentagen in Gesellschaft außen, so war sie zu

Hause an der Arbeit, in seiner Krankheit besorgte sie selbst die Fabrik, sie saß jeden Tag bis spät in die Nacht gewöhnlich bis 10 öfter bis 11 an ihrem Bindstock … Trotz des großen unvergleichlichen Fleißes war die Mutter aber nicht imstande den Rückgang der Fabrik aufzuhalten … Im Verfall traf ich alles zu Hause an, eine einzige Bestellung war vorhanden, sie lautete auf 500 Gros ordinäre Cederstifte à 35 Kreuzer, woran natürlich Geld verlohren werden mußte …"

Die Situation, die Lothar Faber in Stein vorfand, war also mehr als bedrückend. Doch Lothar läßt sich nicht verunsichern, er geht mit jugendlichem Elan, Intelligenz, Wagemut und großer Willenskraft ans Werk und zieht seine Reform von zwei Seiten auf: er bemüht sich um die weitere Verbesserung der Produkte und die totale Reorganisation des Betriebes. Um zu Geld zu kommen, verkauft Lothar Faber einige Felder aus dem Familienbesitz, die der Vater als Altersvorsorge erworben hatte, und nimmt – zum ersten und zum letzten Mal in seiner Laufbahn – einen Kredit bei der Bank auf. Das war zur damaligen Zeit nicht so leicht wie heute, denn die Banken sahen keinen Grund, Geld in nicht abschätzbare industrielle Vorhaben zu stecken, weshalb die Unternehmer jener Zeit ihr Kapital meist selbst aufbringen oder Familienmitglieder anbetteln mußten. 800 Gulden wollte sich Lothar Faber leihen, doch Bankier Toussaint zahlte ihm bloß 400 Gulden aus, eine Summe, mit der er keine großen Sprünge machen konnte.

Lothar Faber beginnt nun damit, feinere Sorten von Bleistiften herzustellen als bisher. Und er erhöht kur-

Die einzelnen Produktionsschritte bei der Bleistiftherstellung.
Historische Darstellung

zerhand die Preise: Wurde das Gros bisher für drei Gulden verkauft, verlangt Lothar Faber jetzt fünf Gulden. Damit bringt er die Nürnberger Kaufleute natürlich gegen sich auf und muß sich fragen lassen, „… ob ich Silber hineinmache, weil sie soviel kosten sollen …"

In jener Zeit setzt Lothar auch schon die eigenen Faberschen Normen fest, die Länge, Stärke und Härte der Stifte bezeichnen und bis heute in der ganzen Welt Gültigkeit besitzen. „Ich gieng von der Ansicht aus", schreibt er 1869, „meine Stifte nur so dick zu machen, als es nöthig ist, um das Blei vor Bruch durch Biegen zu schützen. Sie dicker zu machen, hielt ich für Verschwendung des theuren Cederholzes." Und noch etwas führt Lothar Faber als erster der Nürnberger Bleistifthersteller ein: den Markenartikel. Denn er bringt sein Sortiment an Blei-, Farb- und Patentstiften nicht mehr anonym oder unter englischen Phantasienamen auf den Markt, sondern unter dem bis heute gültigen Namen A.W. Faber, wobei die neuen Polygrades-Stifte die erste Stelle einnehmen.

Natürlich macht sich Lothar Faber mit solchen revolutionären Neuerungen erst einmal jede Menge Feinde in der Heimat. „… der als Kaufmann wird die Fabrikation verstehen!" heißt es. Oder: „Der bildet sich ein, die Bleistiftfabrikation besser zu verstehen als wir!" Lothar bleibt wenig berührt von Spott und Anfeindungen. Wenn er im Raum Nürnberg keinen Absatz findet, geht er eben wieder auf Reisen. Im Jahr 1840 bricht er auf nach Augsburg, München, Stuttgart bis in die Schweiz nach Genf, wo er zügig neue Absatzquellen auftut.

Unterwegs wird er zu einer weiteren Neuerung inspiriert: „Ich schuf nach meiner Rückkunft in die Fabrik die schwarz-Gold- und gelb-Silber-Bleistifte. Gold und Silber als die beiden edelsten Metalle sollten in der Fabrik das erste Mal ihre Anwendung finden. Ich ließ Goldbogen und Goldetiquetten, Silberbogen und Silberetiquetten machen ..." Ein erstaunlicher Schritt: Bleistifte als Luxusartikel. Damit hob sich die Firma A.W. Faber deutlich von den üblichen Billigprodukten ab und konnte einen neuen, solventen Kundenstamm gewinnen.

Nun geht Faber daran, eine bis ins kleinste Detail ausgearbeitete Musterkollektion zusammenzustellen, mit der er sich 1841 auf seine dritte große Geschäftsreise durch die deutschen Lande bis nach Amsterdam, Rotterdam, Den Haag und Paris begibt. In Leipzig, Berlin, Braunschweig, Hamburg und Amsterdam eröffnet er Depots, das Feld für den Absatz seiner Produkte wird immer größer. Positiv wirkt sich hier die Heranbildung des weitgefächerten Schulsystems in Deutschland und der ganzen Welt sowie das rapide Anwachsen der Verwaltung in Staat und Wirtschaft mit dem damit einhergehenden stetig steigenden Bedarf an Schreib- und Zeichengeräten aus. „...

1840

Der Chemiker Justus von Liebig von der Universität Gießen entdeckt die Mineraldüngung, die ganz wesentlich zur Ertragssteigerung der Ernte beiträgt und so die Ernährung sichert.

so entstunden nach und nach Bleistifte für jedes Bedürfnis, sobald eines entstund, so die Stenographie-Stifte, Pantographie (Storchschnabel-)Stifte, Zeichenstifte mit breitem Blei, Künstlerstifte etc. und auch die Fantasie-Stifte sollten nicht fehlen ..."

Bleistiftprodukte aus der Zeit zwischen 1840 und 1880. Schon damals gab es Taschenstifte aus feinen Metallverlängerern

Auch wie seine Kollektion im einzelnen aussieht, schildert Lothar Faber in einem Brief:

„… von Leder innen und außen, inwendig Goldschrift und Laschen zum Einstecken der gespitzten Musterstifte, damit man sie zum Probieren leicht herausnehmen und wieder einstecken konnte. Niemals zuvor ist eine ähnliche Musterkarte auf Reisen gebraucht worden, denn die Reisenden, die Bleistifte verkauften, hatten die Bleistifte auf den Karten ungespitzt festgemacht, so daß man sie nicht wegnehmen und probiren konnte. Außer der Bleistiftmusterkarte führte ich Bleistiftetuis mit mir und das ganze Gros Bleistifte, um die Originalpackung der Polygrades Stifte in Cederholz und jener schwarzpolirt-Gold und gelbpolirt-Silber zu zeigen, was den beabsichtigten Effect auf die Käufer nicht verfehlte, die nie zuvor eine so schöne Packung der Bleistifte gesehen hatten …"

Und sogar, wie er bei seinen Geschäftsreisen im Einzelnen vorging, hat Lothar Faber der Welt hinterlassen:

„Ich besuchte in allen Städten nur die ersten und besten Geschäfte. Ich verließ kein einziges Magazin, welches ich besuchte, ohne Bestellung. Meine Verkaufscondition war 3 Monat Zeit vom datum der Factura und ist es heute noch, wessen sich keine andere Fabrik rühmen kann."

Denjenigen Kunden, die Depots hatten, gewährte Faber zehn Prozent Skonto, alle übrigen mußten den vollen Preis bezahlen:

„Die Nürnberger und Fürther Häuser bekamen 5 % Sconto und jene, die mit der Zeit über 1000 Gulden jährlich kauften, wurden am Schluße des Jahres 5 % nachvergütet und so ist es auch heute noch. Da die Nürnberger und Fürther von ihren 10 % nach außen 5 % gewährten, so hat die Fabrik später bestimmt, daß auswärtige Kunden 5 % bei 500 Gulden und 10 % bei 1000 Gulden jährlich erhalten sollen und heute ist es noch so. Alle Anläufe vom Beginnen meines Wirkens hier, nach mehr Sconto, nach billigeren Preisen habe ich consequent abgeschlagen und dennoch nahm der Absatz stets zu. Ich darf kühn behaupten, daß dieses noch gar keinem Bleistiftfabrikanten von Beginn der Bleistiftfabrikation an bis auf den heutigen Tag gelungen ist, denn die Engländer, der berühmte Franzose Conté, Hardtmuth, Rehbach alle sind mit ihren Preisen herunter, während nach 3 Dezennien heute noch meine Polygrades Bleistifte dieselben Preise kosten. ..."

Der Stolz, der aus Lothar Fabers 1869 geschriebenen Brief spricht, ist nicht zu übersehen. Er war ein großes Risiko eingegangen, als er nicht, wie seine Konkurrenten, die Preise noch einmal unterbat, sondern einen ganz anderen Weg eingeschlagen hatte, indem er im Gegenteil in den Augen vieler sogar überhöhte Preise verlangte. Ob sein Coup gelingen würde, konnte keiner vorhersagen, nicht einmal er selbst.

Im Jahre 1840 hatte Lothar Faber seinen Bruder Eberhard in die Firma aufgenommen, mit ihm unternahm er seine drei ersten, ausgedehnten Geschäftsreisen, die ihm einen ständig wachsenden Kundenstamm einbringen sollten. Die Filialen, Depots und Zweigstellen seiner Fabrik im In- und Ausland taten ein weiteres dazu, Vertrieb und Export anzukurbeln. Lothar kennt keine Grenzen, bis über den großen Teich will er seine Stifte publik machen. So wird 1843 die Firma Lilliendahl mit dem Vertrieb von A.W. Faber-Produkten in den USA beauftragt, sechs Jahre später eröffnet Lothar Faber bereits die erste Niederlassung in New York, die der fünf Jahre jüngere Eberhard leiten wird.

Doch nicht nur auf Geschäftsreise, sondern auch zu Hause wird Lothar Faber aktiv. 1841 kreiert er die ganz feinen Bleistifte zu zehn Gulden das Gros und die eleganten Zedernholzstifte zu zwölf Gulden das Gros. Die ausgezeichnete Qualität der A.W. Faber-Stifte spricht sich schnell herum. So finden sich im Nachlaß Lothar Fabers zahlreiche „Fanbriefe" hervorragender Künstler wie Kaulbach, Lessing, Ingres oder Viollet-le-Duc, die sich lobend über die Faberschen Stifte äußern. In *Dichtung und Wahrheit* schon schrieb Johann Wolfgang von Goethe:
„In eben diesem Sinne griff ich weit lieber zum Bleistift, welcher williger die Züge hergab: Denn es war mir einigemal begegnet, daß das Schnarren und Spritzen der Feder mich aus meinem nachtwandlerischen Dichten aufweckte, mich zerstreute und ein kleines Produkt in der Geburt erstickte."

Und Vincent van Gogh schrieb etwas später in einem Brief an van Rappard:

1844

Der Däne N. E. Grundtvig gründet in seinem Land eine Volkshochschulbewegung. Damit ist der Grundstein der Erwachsenenbildung gelegt, die in den kommenden Jahrzehnten in aller Welt auch die Qualifizierung einfacher Arbeitnehmer ermöglicht.

A.W. FABER.

А. В. ФАБЕРЪ.

Карандашная фабрика существуетъ съ 1761 года.

Mit der Kennzeichnung A.W. Faber schuf Lothar von Faber das erste Marken-Schreibgerät der Welt. Hier Banderolen für Dutzend-Packungen ab ca. 1840

„Ich wollte Dir noch erzählen von einer Sorte von Bleistiften von Faber, die ich gefunden habe. Sie sind von dieser Dicke; sehr weich und von besserer Qualität als die Zimmermannstifte, eben ein famoses Schwarz und man arbeitet damit sehr angenehm bei großen Studien. Ich habe eine Näherin damit gezeichnet auf grauem Papier sans fin und erzielte eine Wirkung wie mit lithographischer Kreide. Diese Bleistifte sind in weiches Holz gefasst, von außen dunkelgrün gefärbt und kosten 20 Cents das Stück."

Auch Wilhelm Busch hat offenbar mit Faber-Stiften gezeichnet und geschrieben, seinen Elogen in *Baldium Bählamm* oder *Schnurrdiburr* nach sah er „den Faber" sogar als Synonym des Bleistiftes schlechthin:

„Ein Vöglein zwitschert in den Zweigen;
  dem Dichter wird so schwül und eigen.
Die Stirn umsäuseln laue Lüfte;
  es zuckt der Geist im Faber-Stifte!"
„Oh, Muse, reiche mir den Stift, den Faber
  in Nürnberg fabrizieren muß.
Noch einmal sattle mir den harten Traber
  den alten Stecken-Pegasus!"

Im Westen sind seine Stifte also bereits wohlbekannt, als sich Lothar Faber 1843 von Travemünde aus nach Rußland einschifft. Sein Ziel heißt St. Petersburg, wo er mit seinen sechseckigen Polygrades mit Goldstempel besonders gut ankommt.
„Der Absatz an die Hauptabnehmer der Fabrik in St. Petersburg und Moscau (stieg) von jedem auf 20.000 fl.

bis 30.000 jährlich", schreibt Lothar in einem Brief 1869.

Kein Wunder, daß nun auch die russische Konkurrenz in höchstem Maße alarmiert ist und versucht, mit optisch sehr ähnlichen Stiften den deutschen Eindringling wieder zu verdrängen, was ihr allerdings nicht mehr gelingt. Lothar Faber errichtet auch in Paris (1855), London (1873) und Berlin (1877) A.W. Faber-Häuser, wobei er sich über London das riesige Absatzgebiet des englischen Kolonialreiches erschließt. Sein Siegeszug ist nicht mehr aufzuhalten: Auf den großen Länder- und Weltausstellungen jener Zeit erringen die Faberschen Produkte immer öfter erste Preise und schlagen, was ihre Qualität angeht, jede Konkurrenz aus dem Feld.

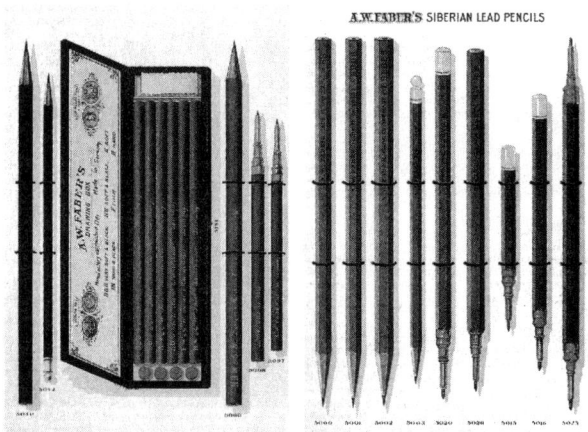

Lothar Faber entwickelte die heute noch gültige Härtegradskala für Bleistifte. Dieser ist abhängig von dem Tonanteil in der Graphit-Tonmischung. Die Reinheit des sibir. Graphits machte damit hergestellte Bleistifte berühmt

Mit der Umgehung des Zwischenhändlers, der Stempelung mit einem Markennamen in einem unüberschaubaren Meer von anonymer Massenware und mit der Einbeziehung des Gründungsdatums 1761 als Empfehlung für langjährige Erfahrung beschritt Lothar Faber gänzlich neue, in höchstem Maße erfolgreiche absatzwirtschaftliche Wege. Technischer Fortschritt und Rationalisierung waren bis dato auf den Produktionsbereich beschränkt geblieben, „die namentliche Kennzeichnung der Produkte als Betonung von ‚Qualität trotz Massenherstellung' konnte nur im Zusammenhang mit Qualitätssicherung und Preisbindung erfolgreich sein", schreibt Hans-Christian Täubrich in *Das Bleistiftschloß*.

Die zahlreichen Versuche der Konkurrenz, das Erfolgsrezept der Firma A.W. Faber zu durchkreuzen oder unter dem gleichen Namen von Strohmännern wesentlich schlechtere und billigere Ware auf den Markt zu bringen, scheiterten nicht zuletzt daran, daß Lothar Faber sofort juristisch dagegen anging. Anfang der 70er Jahre richtete Faber in dieser Sache eine Petition an den Deutschen Reichstag – seiner Hartnäckigkeit ist es zu verdanken, daß 1873 ein neues Gesetz „den Markenschutz betr." in Kraft trat, das Grundlage unseres heutigen Markenschutzes ist. So setzte Lothar Faber sowohl in der Produktion wie auch im geschäftlichen Vorgehen Maßstäbe, die nach und nach von den anderen Bleistiftfabrikanten – drei weitere Bleistiftfabriken entstanden Mitte des 19. Jahrhunderts in Nürnberg, die teilweise noch heute bestehen – übernommen wurden. Lothar Faber ließ sich von der Konkurrenz nicht beeindrucken: „Ich lasse der ganzen Concurrenz Raum, mir war es

von Anfang an nur darum zu thun, mich auf den ersten Platz emporzuschwingen, dadurch daß ich das beste mache, was überhaupt in der Welt gemacht wird."
Er hatte damals auch nicht viel zu befürchten: die Fabrik A.W. Faber produzierte bereits so viele Bleistifte wie die drei Nürnberger Firmen J. S. Staedtler, P. Staedtler & Sohn sowie J. Froescheis zusammen.

Wie wir nun gehört haben, erweitert Lothar Faber zügig seinen Absatzmarkt in der ganzen Welt. Um mit der heimischen Produktion nachzukommen, bedarf es allerdings auch einiger Erweiterungen in Stein. Nach und nach kauft Faber alle am rechten Ufer der Rednitz gelegenen Wasserwerke auf, er benötigt sie dringend zum Mahlen des Graphits und der Farben. Genauere Angaben zu den Objekten und ihrem Kaufpreis macht Gerhard Hirschmann in seiner Steiner Geschichte: „Den Anfang machte er mit dem Erwerb des Anwesens Hs. Nr. 45, bei dem es sich um eines der ehemals Steinbergerschen Glasschleif- und Polierwerke handelte. Am 12. Mai 1848 kaufte es Lothar Faber um 13.500 Gulden von Benjamin Levin. Fünf Jahre später, am 29. September 1853, kaufte er von Johann Georg Scherber um 11.000 Gulden die ehemals Sigelinsche Glasschleife (Hs. Nr. 44)". Beide Gebäude ließ Lothar Faber unverzüglich abreißen und baute an ihrer Stelle moderne neue Fabrikhäuser und Bleimühlen.

Am 2. November 1850 kaufte Lothar Faber zusätzlich von der Witwe Margarethe Drechsler den Oberen

1848

Karl Marx und Friedrich Engels schreiben in England ihr „Kommunistisches Manifest", die Grundlage für die kommunistische Bewegung, die 1917 zur Gründung der Sowjetunion führte.

Spitzgarten für eine Summe von 2000 Gulden. Damit vereinigte er den seit einhundert Jahren auseinandergerissenen Spitzgarten wieder in einer Hand und schuf auf dem Grund und Boden, wo 1717 Michael Tischer als allererster Bleyweißmacher von Stein mit dem Gewerbe begann, Raum für die Firma A.W. Faber, die sich unter Lothar Fabers Führung tatsächlich zur führenden Bleistift-Firma der ganzen Welt entwickeln sollte.

An weiteren Ankäufen listet Hirschmann auf: am 15. August 1872 das Glasschleif- und Polierwerk Philipp Offenbacher-Oppenheimer (Hs Nr. 42, 33.000 Gulden),

Idealisierte Ansicht des Unternehmens von Lothar Faber mit den ausgedehnten Fabrikanlagen, den rauchenden Schloten, den Transportwagen und dem Fabrikantenschloß

am 21. Januar 1877 das Schlößlein (Hs Nr. 31, 15.428 Reichsmark) von Johann Michael Baer, am 1. November 1877 den Bauplatz Nr. 26 von der Mühlenbesitzerwitwe Margarethe Eckstein sowie das dazugehörige Wasserrad um 68.571 Mark.

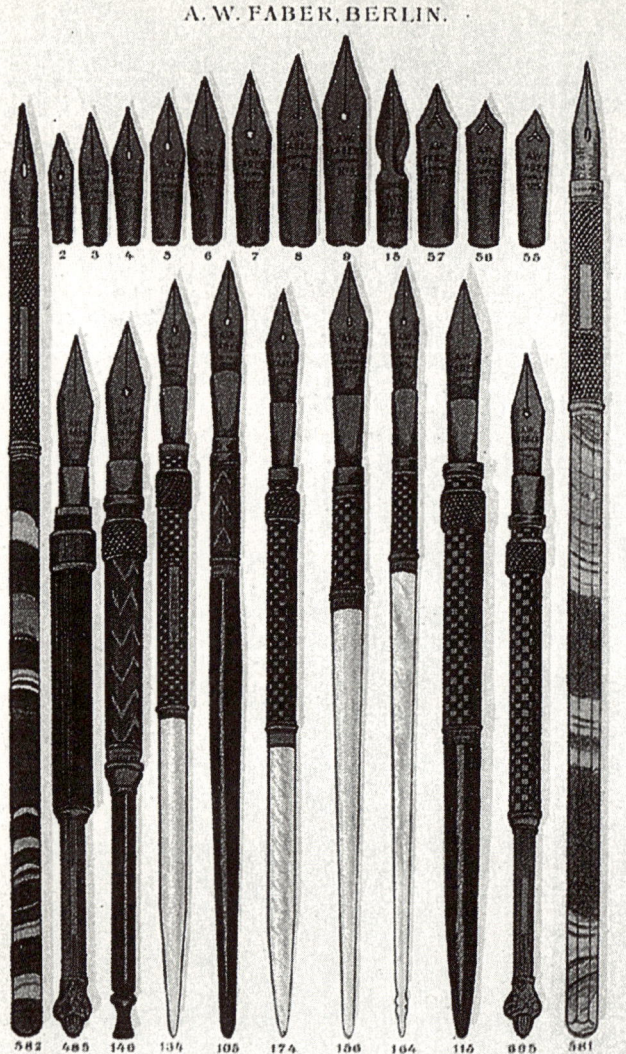

Die Seite aus einem frühen Firmenkatalog zeigt Federhalter, ...

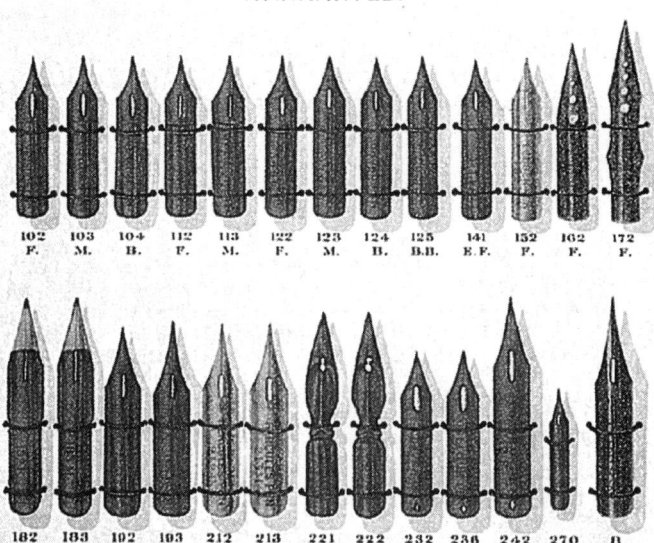

... Federn und die Tinte aus der Fabrik Noisy-le-Sec bei Paris

Die „Alte Kirche" der ehemaligen reformierten Gemeinde, die Lothar von Faber 1858 zum Arbeiterwohnhaus umbauen ließ

Der soziale Chef: Das Privileg, ein Faberer zu sein

Bei den neuen Fabrikgebäuden, die Lothar Faber auf dem neu erworbenen Grund in Stein errichten ließ, achtete er peinlich genau darauf, daß genügend Luft und Licht in die Räume kam. Denn der Firmenchef war nicht nur ein glänzender Geschäftsmann, der wußte, wie man die eigene Kasse zum Klingeln bringt, sondern auch ein für die damalige Zeit ungewöhnlich sozial eingestellter Mann und Unternehmer, dem es alles andere als gleichgültig war, unter welchen Umständen seine Angestellten für ihn arbeiteten. Die Arbeitsbedingungen, die er bei seiner Rückkehr aus Paris in Stein vorfand, waren Lothar nämlich höchst zuwider. So schreibt er rückblickend in einem Brief aus dem Jahre 1883:

„Stein war vor dem Jahr 1839, wo der Verdienst noch gering und ungewiß war, geradezu ein verrufener Bettelort und die Arbeiter-Bevölkerung befand sich in sittlicher Beziehung auf einer minderen Stufe."

Lothar Faber ging tatkräftig dagegen an. Bereits 1844 gründete er eine Kranken- und Unterstützungskasse, "die als erste in hiesiger Gegend den Anstoß zur Errichtung ähnlicher Institutionen in anderen Etablissements gab", so Faber im selben Brief. Diese Kasse wurde mit wöchentlichen Beiträgen der Arbeiter sowie Einlagen der Firma finanziert. Arbeiter, die wegen eines Betriebsunfalls zeitweise nicht erwerbsfähig waren, konnten auf eine Betriebsrente von zwei Gulden 15 Kreuzern in der Woche rechnen, der gleiche Betrag wurde als Invaliden- und Altersrente gezahlt. Arbeiterwitwen mit Kindern erhielten eine jährliche Pension von 104 Gulden. So führte Lothar Faber schon sehr früh soziale Leistungen ein, die andere Firmen erst Jahre später zögerlich nachahmten.

1850

Der nächste Schritt war 1849 die Eröffnung der ersten Arbeitersparkasse in Stein. Die Annahme kleinster Beträge und eine jährliche Verzinsung von vier Prozent, bei Einlagen von über fünf Gulden sogar fünf Prozent gegenüber zweieinhalb Prozent bei anderen Banken, die zudem eine Minimaleinlage von zehn Gulden forderten, sollte innerhalb der Faberschen Arbeiterschaft "die Tugend des Sparens" entwickeln und fördern, so Christian Koch in *Das Bleistiftschloß*. Und so versuchte Lothar Faber, "das Nützliche und Gute dieser Sparkassa" deutlich zu machen: "Wer wöchentlich einen Groschen in die Sparkassa legt, dadurch daß er etwa ein Glas Bier weniger trinkt", sagte er in seiner Rede zur Jahresversammlung 1849,

Mit den ersten Erfindungen, die zur Fotografie führen, beginnt ein neues Zeitalter der Kulturgeschichte. Zum ersten Mal wird es möglich, Bilder der Gegenwart realistisch für die Nachwelt zu schaffen, so daß ein neues kollektives Gedächtnis entsteht.

„hat jährlich 2,36 Gulden erspart, in zehn Jahren 31,13, in 20 Jahren 77,22, in 30 Jahren 145,42 Gulden."

Die Tatsache, daß er die „Zurückbezahlung der Einlage nur in Folge eines nachgewiesenen oder notorischen augenblicklichen Bedürfnisses" gestattete, zeigt uns, daß Lothar Faber dabei so ganz uneigennützig nun nicht war, konnte er doch damit großen Einfluß auch auf den privaten Lebensbereich seiner Arbeiter nehmen. Die Einlagen der Sparkasse, die zum Start 187.441, 615 Gulden betrugen und im Jahr 1883 von Lothar Faber mit mehr als 200.000 Gulden angegeben wurden, waren im Unternehmen gewinnbringend angelegt und durch dieses allein abgesichert.

Im Jahr 1850 stiftete Lothar Faber zusätzlich einen Pensions-Fonds von 5000 Gulden. „Diese Pension soll denjenigen zu Theil werden, die eine Reife von 50 Jahren ausschließlich für unsere Fabrik gearbeitet haben und nach dieser Zeit arbeitsunfähig werden", war seine Begründung am 5. Januar 1850, nachzulesen in der im Archiv der Familie Faber-Castell befindlichen Urkunde. Auch die Leistungen der Krankenkasse hatte Faber in diesem Jahr angehoben: Nach 30 Jahren Arbeit in der Fabrik hatte fortan jeder Arbeiter Anspruch auf eine Rente.

Solche sozialen Einrichtungen machten die Firma A.W. Faber Mitte des 19. Jahrhunderts in Sachen Altersversorgung zum weitaus fortschrittlichsten Industrieunternehmen in ganz Deutschland. Daß die Rente erst nach 30 bzw. 50 Jahren Betriebszugehörigkeit zum Tragen kam, zeigt, was Lothar Faber im Grunde damit bezweckte: seine Arbeiterschaft enger und vor allem auf Dauer an sich und die Fabrik zu binden. Doch später wurden auch Angestellte belohnt, die ihre Arbeitskraft „bloß" 25 Jahre in Fabersche Dienste gestellt hatten – durch die Verleihung eines Ehrendiploms und eines Geldgeschenkes. Die Arbeiter fühlten sich denn auch besonders gut behandelt, ein „Faberer" zu sein, galt in Stein als großes Privileg.

Ebenfalls im Jahre 1850 kündigte Lothar Faber an, daß er sich fortan nicht nur um das leibliche wie materielle Wohl der Arbeiter kümmern wolle, sondern „in Zukunft in gleicher Weise ihr intellektuelles Wohl, das heißt ihr geistiges Wohl in moralischer und sittlicher Beziehung ... zu fördern ..." gedenke. Unterstützung fand Faber dabei beim Konsistorium in Ansbach, wo man bereits 1835 besorgt festgestellt hatte, daß „die Fabrikarbeiter in Stein besonderer religiöser Pflege und Förderung dringen bedürfen". Trotzdem kam Lothar in seinen Bemühungen um eine Kirche und ein ständiges Vikariat für seine Heimatgemeinde nicht recht weiter. Seinen zweiten Plan jedoch konnte er 1851 verwirklichen und „eine Bibliothek für unsere Arbeiter und Arbeiterinnen anschaffen, bestehend aus Büchern über allerlei gemeinnützige Kenntnisse". Die Anordnungen für die Arbeiterbibliothek vom 11. Januar 1851 berichten von „circa 40 Büchern nützlichen und belehrenden Inhalts", die Faber bereits vorab besorgt hatte. Diese waren „den Arbeitern und Arbeiterinnen unentgeldlich, zum Lesen in den freien Stunden zu Hause, zu verabreichen." Im Comptoir der Fabrik wurde die Bibliothek untergebracht, immer samstags zwischen vier und fünf Uhr konnten die Bücher entliehen und wieder zurückgebracht werden, wobei strengstens darauf hingewiesen wurde, daß „in der Fabrik kein Buch zum Lesen mitgebracht werden darf, wer in der Fabrik Bücher liest, wird mit (dem Verdienst eines) viertel Tages Strafe belegt, welche in die Krankenkasse fließt". Lothar Faber freute sich, daß seine Bibliothek sowohl „von der reiferen Jugend als auch von den Erwachsenen fleißig benutzt wird", bei einer normalen Arbeitszeit von zwölf und mehr Stunden dürfte allerdings nicht allzu viel Zeit fürs literarische Privat-Vergnügen geblieben sein.

Lobenswert jedoch, wie umfassend sich Lothar Faber um seine Faberer kümmert. Für ihn sind sie alle Mitglieder der großen, glücklichen Familie A.W. Faber, und sein Wahlspruch „Wahrheit, Sittlichkeit, Fleiß" soll auch für sie Grundlage allen Handelns sein. Denn Faber ist überzeugt davon, „daß kein menschliches Werk, welches eine Zukunft und einen dauernden Erfolg beansprucht, bestehen kann, wenn es in irgend einer Beziehung auf Unwahrheit beruht, oder mit dem, was allgemein unter den Menschen als recht und sittlich gilt, in Widerspruch geräth, oder sich von der Pflicht unermüdeter Thätigkeit und angestrengten Fleißes lossagt". Dank dieser Einstellung wird Lothar Faber zum wahren Wohltäter nicht nur für die in seiner Fabrik Beschäftigten, sondern in der gesamten Gemeinde Stein, wobei allerdings, wie Dieter Eich in seiner Diplomarbeit betont, „ein großer Teil der Ehre Lothars Ehefrau Ottilie gebührt".

Am 1. August 1847 heiratet Lothar Faber in Eibach bei Nürnberg seine 1831 geborene Nichte Ottilie Friederike Albertine Sophie Richter, die Tochter des königlich-bayerischen Appellationsgerichtsassessors Johann Friedrich Richter und dessen Frau Karoline Kunigunda, geborene Faber. Ottilie, halb so alt wie ihr Verlobter, gibt diesem mit gerade 16 Jahren das Ja-Wort. „Ich hätte mich wohl schon zu Lebzeiten der seligen Mutter verheirathen können, was ihr recht gewesen wäre", schreibt Lothar an seinen Bruder Eberhard. „Da ich aber die ersten fünf Jahre nach dem Tod des Vaters für die Relicten arbeitete, so wollte ich diesen wichtigsten Schritt des Lebens erst dann thun, nachdem ich mein eigener Herr geworden war und so kam es, daß ich mich erst nach vollendetem 30. Lebensjahre, im Jahre 1847, verheirathete."

Am 1. September 1851 wird der einzige Sohn Wilhelm geboren. Kurz zuvor, am 13. August, hat Lothar Faber die erste „Kleinkinder-Bewahranstalt" in Stein eröffnet. Ziel ist es, „die Kinder von der Straße wegzubringen und schädlichen Einflüssen baldthunlichst zu entziehen". 50 Arbeiterkinder im Alter von drei bis sechs Jahren besuchen die in der Alten Kirche der ehemals reformierten Gemeinde untergebrachte Kinderschule, wobei die Betriebszugehörigkeit der Eltern nicht unbedingt Aufnahmebedingung in der Anstalt ist, „in welcher es weniger auf Lernen abgesehen war, als auf die Beseitigung aller Unarten". Auch Wilhelm sollen offenbar die Unarten ausgetrieben werden: Er besucht ebenfalls die Kleinkinder-Bewahranstalt, und der Vater demonstriert damit das Fehlen jeglichen Standesdünkels.

Es ist anzunehmen, daß Mutter Ottilie auch wenig Zeit für den kleinen Wilhelm hatte, denn sie engagiert sich gemeinsam mit ihrem Mann fürs Soziale. „Die Grundsätze, die mich den Arbeitern gegenüber leiten, sind Liebe, Güte, sittlicher Ernst, strenge Gerechtigkeit gegen Jung und Alt, überhaupt gegen Jeden, der mit mir in geschäftliche Berührung kam" – diese Einstellung übernahm Ottilie gehorsam von ihrem Ehemann.

Sie unterstützt 1858 mit Nachdruck den Bau eines neuen Schulhauses. Lothar Faber stellt den Grund und dazu noch einen größeren Schulgarten, in dem sich die Schüler mit der Flora ihrer Heimat vertraut machen sollen. Die Bevölkerung in Stein wächst rapide, so daß die Schule bereits 1874 in eine Unter-, eine Mittel- und eine Oberstufe unterteilt werden muß, und drei weitere Lehrer angestellt werden. Lothar Faber schreibt am 24. April 1874 an den zuständigen Regierungsrat in Ansbach, Freiherr von Crailsheim:
„Es ist hier mehr als für viele andere Gemeinden erforderlich, tüchtige Lehrkräfte zu besitzen, und wenn ich auch allein schon in Folge meiner Steuern mehr als die ganze Gemeinde zu den Kosten der Schule beitrage, so bin ich doch gerne bereit noch mehr zu leisten, um tüchtige Lehrer hieher zu bekommen."

1851

Der amerikanische Mechaniker Isaac Meritt Singer verbessert die Nähmaschine so, daß der Stoff selbständig weitergeschoben wird. Damit ist die maschinelle Herstellung von Textilien eingeleitet.

Auch eine Fortbildungsschule für Erwachsene richtet Lothar Faber im Jahr 1870 ein. An sechs Abenden können Lernwillige hier ihre Rechen-, Schreib- und Zei-

chenkenntnisse aufbessern sowie die Grundbegriffe der Volkswirtschaftslehre, der Verfassung, der Verwaltung und auch der kaufmännischen Buchführung lernen.

Das sogenannte A.W. Faber-„Beamtenwohnhaus" für die Angestellten, um 1892. Um 1900 wurde es zu einem Ledigenwohnheim mit Speiseanstalt erweitert

Nun waren aber auch die Wohnverhältnisse der Arbeiter zu Anfang der 30er Jahre unbeschreiblich einfach bis im höchsten Maße ungesund, deshalb erstellte Lothar Faber zwar auch einfache, aber trockene, billige

und sehr praktische Wohnungen für seine Angestellten, wofür er Teile seiner Fabrik umbauen ließ. Um die Mitte des Jahrhunderts entstanden so rund 75 Arbeiterwohnungen, bestehend aus Zimmer, Kammer, Küche, Boden- und Kellerraum, die Jahresmieten waren mit 14 bis 32 Gulden durchaus erschwinglich. 1858 erbaute Lothar Faber zusätzlich eines der ersten großen Arbeitermietshäuser, das sogenannte große Haus, es liegt an der heutigen Hauptstraße Nummer 14. Besonders stolz war Lothar Faber auf das Badehaus, das er am Ufer der Rednitz hat errichten lassen, damit sich seine Arbeiter nach der Schmutzarbeit mit den Graphitminen säubern konnten.

Und auch an die Motivation seiner Leute dachte Lothar Faber: Er schickte 1854 eine Anzahl seiner Arbeiter auf seine Kosten zur Industrieausstellung nach München, „damit sie dort die Früchte ihrer Tätigkeit ehrenvoll zur Schau gestellt sahen", wie er schrieb.

Wie in Stein wird auch im Zweigwerk Geroldsgrün bestens für die Faberer gesorgt. Als Lothar Faber 1861 dort sein neues Werk eröffnet, richtet er gleich eine Krankenkasse, eine Unterstützungskasse und eine Fabriksparkasse nach Steiner Vorbild ein. Beim Bau der Werksanlagen werden bereits die Arbeiterwohnungen eingeplant, bis 1888 finden dort weitere 50 Familien Unterkunft, die sich ihre Lebensmittel zudem preisgünstig in einem eigenen Konsum, einer Metzgerei mit eigener Schweinezucht sowie

1870

Der Kaufmann Heinrich Schliemann beginnt mit der konkreten Arbeit an seinem Jugendtraum: Er will Troja ausgraben, das er nach jahrelanger Suche nach den Angaben Homers glaubt gefunden zu haben. Der Streit darüber hält bis heute an.

einer Bäckerei besorgen können. Am 1. September 1861 wird die neue Kirche eingeweiht, für deren Bau Lothar Faber zuerst 15.000 Gulden stiftete, eine Summe, die er großzügig im Lauf der Bauarbeiten auf 41.000 Gulden erhöht. Mit der Errichtung eines eigenen Vikariats wird Stein 1880 zur eigenen Pfarrei und damit endlich unabhängig von der Pfarrei in Zirndorf. Und Lothar Faber wird für seine Verdienste um das Kirchenwesen das Präsentationsrecht eingeräumt, ein im 19. Jahrhundert nicht mehr häufiger Fall des Kirchenpatronats.

Die Wohlfahrtseinrichtungen, die Lothar Faber für seine Arbeiter geschaffen hatte, fanden übrigens genauso große internationale Beachtung wie seine Bleistifte: Bei der Weltausstellung des Jahres 1867 in Paris nahm die Firma A.W. Faber an einem Wettbewerb teil, bei dem durch eine Jury Auszeichnungen „zugunsten der

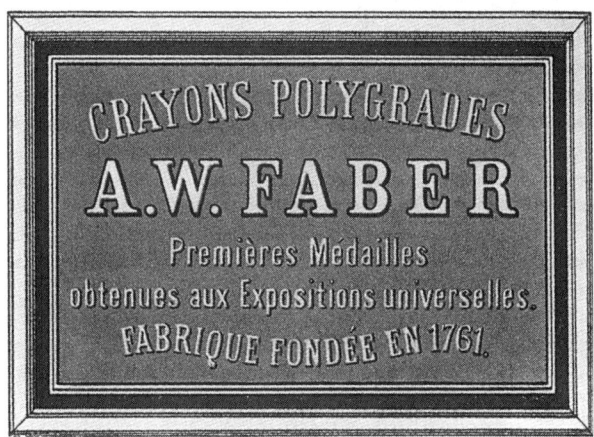

Werbeplakat der Firma A.W. Faber aus dem Jahr 1855, vorgestellt auf der Pariser Industrieausstellung

Zur ersten Jahrhundertfeier 1861 ermöglicht Lothar von Faber den Bau der „Martin Luther"-Kirche in Stein

Etablissements und Orte, die eine gute Harmonie unter den dort Arbeitenden entwickelt haben und die den Arbeitern materiellen, geistigen und moralischen Wohlstand gewähren", vergeben wurden. 600 Firmen bewarben sich um einen „Prix", 13 wurden ausgezeichnet. Darunter Lothar Fabers „Fabrique de crayons à Stein", die wie Friedrich Krupp die Prämierung „Mention honorable" erhält, eine ehrenvolle Erwähnung.

Auch Lothar Faber selbst ist offenbar zufrieden mit den Früchten seines Wirkens: „Die allermeisten meiner Arbeiter sind ehrenwerte, brave Männer", schreibt er in seinem mehrere Seiten langen Brief von 1872 an seinen Bruder Eberhard in New York, „insbesondere die Vorarbeiter, die ihr ganzes Leben, nur mit Ausnahme der Tage, an denen einer nicht wohl war, der Arbeit der Fabrik geweiht haben. Ihre Gesinnungen können am schlagensten daran erkannt werden, daß ... einer von ihnen weinte, als er in der Broschüre des Geroldsgrüner Arbeiterfestes das Lob der Schiefertafeln las ..."

Neben dem großen sozialen Engagement für seine Arbeiterschaft, die im Zuge der Firmen-Expansion stetig wuchs und bald den größten Teil der Steiner Bevölkerung stellte, kümmerte sich Lothar Faber in Form von zahlreichen Stiftungen auch um das Gemeinwohl. Die Gesamtsumme der von ihm und seiner Frau an die unterschiedlichsten Unternehmen gestifteten Beträge beläuft sich Ende des 19. Jahrhunderts auf weit über vier Millionen Mark. Die ein-

1875

Auf einem Kongreß in Gotha vereinigen sich Ferdinand Lasalles Allgemeiner Deutscher Arbeiterverein und August Bebels Sozialdemokratische Arbeiterpartei zur Sozialistischen Arbeiterpartei.

In Stein baute Lothar von Faber Werkssiedlungen für die Arbeiterschaft. Hier ein Wohngebäude (Hausnummer 59) mit 18 Wohnungen von 1872 zwischen Kirche und Fabrik

zelnen Posten finden wir aufgelistet bei Dieter Eich:

für Kulturzwecke	625 000 Mark
an Gemeinden für Wohltätigkeits- und Bildungszwecke	215 000 Mark
an Gemeinden für die gleichen Zwecke	243 000 Mark
Frhr. Lothar v. Faber-Stiftung für Handwerk	125 000 Mark
Frhr. Lothar v. Faber-Stiftung für Kunsthandwerk	100 000 Mark
Kranken- und Pfründnerhaus	650 000 Mark
Kleinkinderbewahranstalt	250 000 Mark
Legate an Arbeiter und Beamte	490 825 Mark
Pensionsfonds für die Beamten des Hauses A.W. Faber	1 000 000 Mark
Pensionsfonds für die Witwen und Waisen der Arbeiter in Stein	300 000 Mark
Pensionsfonds für invalide Arbeiter	110 000 Mark

Auch in das Nürnberger Projekt „Eisenbahn" steigt Lothar Faber aktiv ein: Unter seinem Vorsitz konstituiert sich ein örtliches Komitee in Stein, bestehend aus Vikar Eisen als Sekretär sowie sechs weiteren Herren, darunter Lothars Bruder Johann, die die Interessen Steins beim Bau der ersten Eisenbahnlinien vertreten sollen. Als am 1. Oktober 1874 die Linie Nürnberg – Ansbach – Crailsheim eröffnet wird, hält die Eisenbahn auch in Stein, allerdings wird der Bahnhof aus verkehrstechnischen Gründen entgegen den Wünschen der Bevölkerung ziemlich weit außerhalb des Ortes gebaut.

Expansion und Marketing

Auf Grund seiner sozialen und wirtschaftlichen Leistungen wird Lothar Faber 1862 von König Maximilian II. geadelt und am 23. August 1881 von Ludwig II. in den Erbadelsstand erhoben. Der Wortlaut der im Faber-Castellschen Familienarchiv befindlichen Urkunde:
„Wir Ludwig II von Gottes Gnaden Koenig von Bayern, Pfalzgraf bey Rhein, Herzog von Bayern, Franken und in Schwaben && Urkunden und bekennen hiemit wie folgt: Wir finden uns bewogen, dem Guts- und Fabrikbesitzer Lothar von Faber in Stein bei Nürnberg, Ritter Unserer Verdienstorden der Bayerischen Krone und vom heiligen Michael, Ritter des Ordens der Württembergischen Krone und Ritter der Französischen Ehrenlegion etc. in huldvollster Anerkennung der Verdienste, welche sich derselbe um die bayerische Industrie erworben hat, ein bleibendes Merkmal Unseres königlichen Wohlwollens dadurch zu geben, daß Wir ihm den freiherrlichen Stand in erblicher Weise allergnädigst verleihen ..."

Nun darf sich die freiherrliche Familie auch mit einem Wappen schmücken, das im Folgenden genau beschrieben wird:

„In Gold ein halber gebarteter, oben von zwei blaue sechstrahligen Sternen besaiteter Mann (Schmied) im schwarzen Rocke mit silbernen Kragen und dergleichen Knöpfen dann schwarzgestülpter rother Mütze; in der Rechten einen silbernen Hammer an hölzernem Stiele haltend. Auf der den Schild schmückenden freiherrlichen Krone ruht ein offener adeliger Turniershelm, aus dessen goldener Krone der im Schilde beschriebene Mann (Schmied) hervorwächst. Decken beiderseits: schwarzgolden."

Das dritte äußerst wichtige Datum in der Biographie Lothar Fabers ist der 16. September 1861, an dem das 100jährige Bestehen der Firma A.W. Faber gefeiert wird. Schon am Vorabend ziehen seine Faberer in einem schier endlosen Fackelzug zum Wohnhaus der Familie, sie tragen drei zu diesem Anlaß verfaßte Lieder vor und überreichen ihrem Chef ein Geschenk. Dafür bekommt dann jeder einzelne Arbeiter am Festtag selbst ein Geschenk und eine extra geprägte Denkmünze. Dieter Eich beschreibt den Ablauf des denkwürdigen Festes detailliert in seiner Arbeit: „Feierliches Glockengeläute ruft alle Festteilnehmer zum Gottesdienst, dem mittags ein Festmahl im Faberschen Park folgt, bei dem Lothar eine Rede über die Geschichte der Fabrik hält." Mit Musik und Theateraufführungen wird weiter gefeiert, bis zum Höhepunkt des Tages, als der Fabrikherr vor 600 Gästen einen persönlichen Gratulationsbrief des bayerischen Königs verliest.

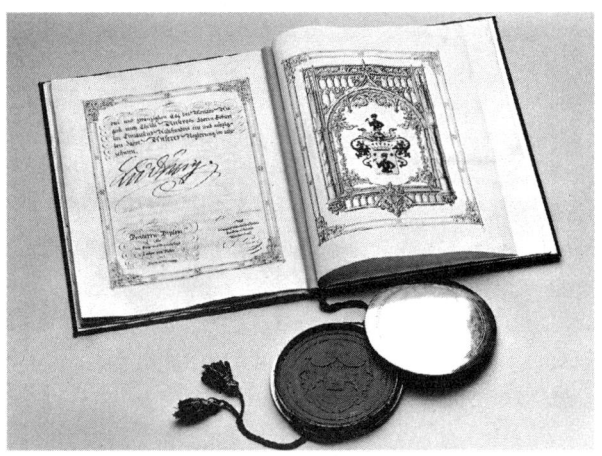

Die Urkunde zum Freiherrn-Diplom für Lothar von Faber, unterzeichnet von König Ludwig II. von Bayern

„Herr Fabrikant Johann Lothar Faber! Sie feiern, wie ich vernehme, am 16. dieses Monats das 100jährige Bestehen der von Ihren Vorfahren ins Leben gerufenen Fabrik, deren im In- und Ausland wohl begründeter Ruf der bayerischen Industrie zur Ehre gereicht. Auch von der Sorgfalt, die Sie den sittlichen und ökonomischen Verhältnissen Ihrer Arbeiter widmen, habe ich mit besonderem Vergnügen Kenntnis genommen. Die Feier, welche Sie demnächst begehen, gibt mir Veranlassung, Ihnen und dem von Ihnen mit so gutem Erfolge geleiteten Etablissement meine Glückwünsche kund zu geben und die Hoffnung auszusprechen, daß die Fabrik sich steter Blüthe erfreuen möge. Mit wohlwollenden Gesinnungen,

Hohenschwangau,	Ihr wohlgewogener
den 14. September 1861	König Max

Den ganzen Tag lang wurde gefeiert, Reden und Trinksprüche gehalten, bis das große Fest am Abend mit einem riesigen Feuerwerk seinen glanzvollen Abschluß fand. Die Bürger von Stein sollten noch lange von diesem Jubeltag reden, auch wenn sich drei Jahre später schon die nächste Festivität, diesmal zum 25jährigen Geschäftsjubiläum Lothars, anschloß, der noch viele weitere folgen sollten bis zum 125jährigen Jubiläum der Bleistiftfabrik im Jahr 1886. Doch der 16. September 1861 blieb auch Lothar Faber unvergessen, denn damals wurde ihm die Ehrenbürgerschaft der Stadt Nürnberg verliehen:

„Der Magistrat und die Gemeindebevollmächtigten der kgl. bayer. Stadt Nürnberg haben dem Besitzer der Bleistiftfabrik zu Stein, königl. Landgerichts Nürnberg, Herrn Lothar Faber, in Anerkennung der vielen und ausgezeichneten Verdienste, welche sich derselbe um die Industrie und um den gewerblichen Ruf der Stadt Nürnberg erworben hat, durch einmüthigen Beschluß das Ehrenbürgerrecht der Stadt Nürnberg verliehen, und, nach eingelangter allerhöchster Genehmigung Seiner Majestät des Königs, demselben gegenwärtige Urkunde ausfertigen lassen.
Gegeben unter der Stadt größerem Insiegel und der beiden Bürgermeister, dann des Vorstandes der Gemeindebevollmächtigten Unterschriften.

Nürnberg, den 16. September 1861.

v. Wächter, I. Bürgermeister
Seiler, II. Bürgermeister
Lindner, Vorstand der Gemeindebevollmächtigten"

Unter dem Datum des 28. September 1861 findet sich ein die Ehrenbürgerschaft Fabers betreffender Eintrag in der Nürnberger Stadtchronik:

„Da die Stadt Nürnberg den Bleistiftfabrikanten Lothar Faber in Stein zu ihrem Ehrenbürger ernannt und ihm darüber ein prachtvoll geschriebenes Diplom ausgestellt hatte, so lud Faber auf den heutigen Tag den ganzen Magistrat und sämtliche Gemeindebevollmächtigte des Mittags nach Stein, wo es dann sehr hoch herging und selbst Johannesberger gereicht wurde."

Auch hier wurde offenbar feuchtfröhlich mit einigen Litern Wein gefeiert, nicht nur die Nürnberger Stadtchronik, sondern eine ganze Reihe weiterer schriftlicher Überlieferungen belegt, daß Lothar von Faber mit seinen Gästen und seinen Mitarbeitern gerne und ausgiebig zu feiern verstand.

1860

Was das 100jährige Jubiläum für Stein bedeutete, ist in einem 1909 „dem weltumfassenden Hause A.W. Faber" gewidmeten Heft aus der Reihe *Deutsche Industrie – Deutsche Kultur* aus Ecksteins Biographischem Verlag nachzulesen: „Die ersten 100 Jahre der Fabrik A.W. Faber hatten aus einem kaum gekannten Handwerksbetriebe ein Weltunternehmen gemacht, dessen Ruf festbegründet war und sein wird. Welcher Aufwand von Mühe und Arbeit allerdings erforderlich gewesen war, um diesen stolzen, für

Die Tiefdruck-Rotationspresse wird erfunden. Damit eröffnen sich ganz neue Weg in der Drucktechnik, da die Maschine in schneller Zeit hohe Auflagen ermöglicht. In der Folge blüht vor allem das Geschäft mit Zeitschriften, die billiger hergestellt werden können.

die bayerische und deutsche Industrie gleich ehrenvollen Bau zu errichten, ließe sich erst jetzt überblicken. Schritt für Schritt war dem Weltmarkt das Terrain abgerungen worden, auf dem sich die Fabrikate der Firma die herrschende Stellung einrichten konnten, Zoll um Zoll der Absatzkreis erweitert und ein Werk geschaffen worden, an dessen festgefügten Grundmauern nicht mehr zu rütteln möglich war. Aus dem kleinen unansehnlichen Häuschen an der Rednitz, dem Wohnhaus und Werkstättenbetriebe Kaspar Fabers, war in 100 Jahren ein Fabriketablissement hervorgegangen, welches nicht nur räumlich von Jahr zu Jahr an Ausdehnung zunahm, sondern allmählich den Mittelpunkt und die Lebensader des einstmals verwahrlosten Dorfes Stein, jetzt eines ansehnlichen Ortes, bildet."

Die einstige Schiefertafelfabrik in Geroldsgrün, 1861 zur ersten Jahrhundertfeier entstanden, ist heute ein modernes Werk vor allem für Kunststoff-Schreibgeräte

Tatsächlich schaffte es Lothar von Faber, von dem kleinen, früher so unbedeutenden Städtchen Stein aus die Welt zu erobern, eine unternehmerische Leistung, die in der deutschen Wirtschaftsgeschichte seinesgleichen sucht. Hatte er 1837 mit der Einführung der „Polygrades"-Bleistifte in sieben unterschiedlichen Härtegraden einen wahren Verkaufsschlager in Deutschland lanciert, galt es weiterhin den Vertrieb immer besser zu organisieren und neue Absatzmärkte aufzutun. In der Heimat war Faber noch immer von Zwischenhändlern abhängig, die erst einmal nicht bereit waren, den in Anbetracht der deutlich höheren Qualität der Stifte ebenfalls deutlich angestiegenen Preis zu bezahlen. Da erinnerte sich Lothar an seine, als Jüngling im Ausland gemachten Erfahrungen, die er später leicht romantisch-verklärt so beschreiben soll:

„... (in Paris) überschaute (ich) die Blüte einer freien regen Industrie, die Straßen, auf denen der Handel von der Heimat in die Ferne hinauszieht, das Bild eines kolossalen Verkehrs, der kein Produkt seinem Augenmerk entgehen läßt und in ewig bewegten Wogen zwischen den Abnehmern und den Anbietern hin und her strömt. Da dachte er zuerst an die ferne Heimat, deren Industrie sich in so engen Schranken gehalten sah, daß sie dem Weltmarkt entfremdet war; da leuchtete ihm die Möglichkeit ein, daß die heimischen Verhältnisse ganz anders gestaltet und der vaterländischen Industrie nicht nur ihre Ehre und der Klang ihres ehemaligen guten Namens wiedergegeben, sondern daß sie auch aus ihren engen Mauern herausgeführt und daß ihr im Wettkampf der Kraft und Intelligenz der Weltmarkt geöffnet und eine achtunggebietende Stellung gesichert werden könne."

Allein oder in Begleitung seines Bruders Johann, von dem im weiteren noch die Rede sein wird, unternahm Lothar seine ausgedehnten Geschäftsreisen, die wichtigster Bestandteil seiner Firmenpolitik waren. Faber war tatsächlich der erste Bleistiftfabrikant, der auf Reisen durch Deutschland und das europäische Ausland ging, um seinen Kundenstamm zu vergrößern, was ihm auf Anhieb gelang, vielleicht nicht zuletzt deshalb, weil er in allen Städten selbst die neuen Handelsbeziehungen knüpfte. Wie erwähnt, konnte er bereits in den ersten Jahren seines Wirkens so einen großen neuen Kundenstamm auftun, was zu einem schnellen Anstieg des Umsatzes führte.

An früherer Stelle wurde schon von Lothars Geschäftsreisen erzählt. Bereits als 19jähriger stellte er seine Musterkollektion in Würzburg, Aschaffenburg, Frankfurt, Mainz, Wiesbaden, Koblenz, Bonn, Köln, Aachen, Lüttich, Brüssel, Lille, Amiens, Arras und schließlich Paris vor, wobei diese allererste Reise nicht den gewünschten Erfolg brachte, weshalb er sich damals bei D. Patonié & Co. bewarb.

1840, als 23jähriger, und nachdem er seinen Bruder Johann bestmöglich zu seiner Vertretung angelernt hatte, machte sich Lothar erneut auf die Reise – die Route geht von Stein nach Augsburg, München, Stuttgart, dann in die Schweiz nach Genf, wobei Faber in München, Stuttgart und Bern Depots einrichtete.

Damals kam er auf die Idee zu seinen neuen Gold- und Silber-Bleistiften, über die, glaubt man seinen Tagebuchaufzeichnungen, seine von ihm über alles geliebte und verehrte Mutter so „besonders erfreut war".

Nur ein Jahr später unternahm Lothar seine dritte große Geschäftsreise, die ihn durch die sächsischen Herzogtümer, durch die Königreiche Sachsen und Preußen, nach Hamburg und Lübeck, dann weiter mit dem Schiff nach Amsterdam, Rotterdam, Den Haag und durch Belgien nach Paris führte. Depots errichtete er dabei in Leipzig, Berlin, Braunschweig, Hamburg und Amsterdam. Fabers „Musterkarte" sorgte für den schnellen Erfolg. Was heute selbstverständlich scheint, war damals ein absolutes Novum: Lothar Faber brachte seine Bleistifte fein gespitzt mit und konnte sie so überzeugend vorführen, während seine Kollegen, wenn überhaupt, wegen des besseren Transportes nur ungespitzte Bleistifte vorführten. Und seine Etuis wirkten offenbar besonders elegant und stilvoll, jedenfalls gab es kaum einen, der nicht sofort geordert hätte.

Roland Doreth schreibt dazu in seiner Diplomarbeit über *Lothar von Faber: Ein innovativer Unternehmer in der Bleistiftindustrie des 19. Jahrhunderts*: „Somit agierte Lothar von Faber bereits in der ersten Hälfte des 19. Jahrhunderts mit einem Marketingwerkzeug, das auch heute in vielen Fällen noch vor dem eigentlichen Produkt im Vordergrund der Vermarktungsstrategien liegt, der Verpackung". Auch hier also erwies sich Lothar von Faber als Visionär – der Erfolg gab ihm recht. Er war der erste seiner Berufsgruppe, der einfach die Zwischenhändler übersprang und somit ganz andere Preise für seine Ware erzielen konnte, seine Vertrags- und Zahlungsbedingungen wurden ebenfalls an früherer Stelle näher erläutert. Zwar hatte Lothar die Preise für seine Polygrades-Stifte kräftig erhöht, doch blieben diese für die nächsten 30 Jahre konstant, ebenso wie die Qualität der Ware, was sich natürlich schnell herumsprach.

Als Lothar Faber 1843 nach St. Petersburg aufbricht, plant er die Errichtung einer weiteren Fabrik in Rußland, da ihm der Einfuhrzoll von vier Gulden pro Gros zu hoch war. In seinen Aufzeichnungen schreibt Lothar:

„Wollte ich nur die Hauptmomente des russischen Geschäftes skizzieren, so müßte ich viele Bogen voll schreiben. Eines aber will ich hier erwähnen, weil es auf den bedeutenden Gewinn meiner Fabrik einen außerordentlichen Einfluß hatte und 1843 das erste Jahr war, in welchem ich meine sechseckigen Goldbleistifte auf den Weltmarkt brachte. Ich habe gleich von Anfang an die Idee gefasst, niemals eine Secunda Qualität meiner neuen sechseckigen Bleistifte und meiner runden Bleistifte mit der Firma in Gold oder Silber gezeichnet, zu liefern. Dieser Idee, meinem unerschütterlichen Festhalten an dieser Idee, hat meine Firma ihren Ruhm und ihren großen Gewinn zu danken."

Auch in Rußland war Faber äußerst erfolgreich, die Hauptabnehmer saßen in Moskau und St. Petersburg,

1839

In Preußen wird die Arbeitszeit für Jugendliche in den Fabriken auf zehn Stunden pro Tag beschränkt.
Die Kinderarbeit wird zum ersten Mal ausdrücklich verboten. Damit werden die Grundlagen für die preußische Arbeitsschutzpolitik gelegt.

dort konnte er den Absatz bis 1869 auf jeweils 20.000 bzw. 30.000 Gulden jährlich steigern. Das war den russischen Bleistiftfabrikanten natürlich ein Dorn im Auge. Sie kopierten die Faberschen Stifte ihrem Äußeren nach, doch sie schafften es nicht, die gleiche hohe Qualität zu produzieren. Deshalb riet einer der Hauptabnehmer seinem deutschen Lieferanten, er sollte doch die sechseckigen Bleistifte selbst in immer minderer Qualität herstellen, so daß sie schließlich keiner mehr kaufen würde. Das war nun aber wirklich kein Weg für Lothar Faber, der sich zum erklärten Ziel gemacht hatte, stets der Beste zu sein. „Wieder habe ich es meinen Grundsätzen zu danken", schreibt er dazu ein wenig selbstgerecht, „daß meine Fabrik der Concurrenz keinen Schaden, sondern nur Nutzen bringen konnte, weil sie auf durchaus sittlicher Grundlage beruhen, und nicht darauf, die Concurrenz zu ruiniren oder Todt zu machen. Ich lasse der ganzen Concurrenz Raum".

Nachdem Faber so neues Land gewonnen hatte, setzte er fortan Angestellte ein, die die Produkte der Firma weiterhin direkt vertrieben. Penibel genau führte der Firmenchef dazu in einem handgeschriebenen Leitfaden vom 15. November 1880 Reiserouten und Reisedaten sowie die Art der mitgeführten Musterkollektionen auf. Auch „Hinweise zur Beobachtung der Concurrenz" („weil es ein Prinzip in unserem Hause ist, die Concurrenz in ihrem Thun und Treiben wohl zu beobachten und ein wachsames Auge zu haben für Alles, was sie Neues und Gutes bringt") oder Anleitungen zur „Decoration der Schaufenster unserer Kundschaft" („... die Fabriken und

Häuser haben schon eine sehr große Auswahl hübscher Plakate geschaffen, welche gratis an unsere Abnehmer gelangen. Jeder Reisende hat deshalb darauf bedacht zu nehmen, daß alle unsere Detail-Kunden Tableaux von uns besitzen") finden sich da. Und natürlich einmal mehr ein handgeschriebener Hinweis vom Januar 1884 auf die so besondere Firmenpolitik Fabers:

„Wenngleich wir heute die größte Bleistiftfabrik der ganzen Welt besitzen und es auch kein zweites Haus giebt, das seinen Abnehmern eine so reichhaltige Collektion Muster, ausschließlich Schreib- und Zeichen-Utensilien, herausgearbeitet von der ganzen civilisierten Welt, bietet, so treten wir unserer Kundschaft im schriftlichen Verkehr doch immer bescheiden entgegen und gerade so muß auch das Auftreten unserer Reisenden sein: Höflichkeit, Aufmerksamkeit, Bescheidenheit und Anstand in und außer dem Geschäfte sind Tugenden, mit welchen sich der Vertreter unserer Firma sehr bald bei unseren Abnehmern beliebt macht und wenn Jemand bei der Kundschaft beliebt ist, so wird er gerne gesehen und die Aufnahme von Aufträgen wird ihm leicht. Als eine der Haupttugenden haben unsere Reisenden Discretion und Verschwiegenheit zu betrachten, wobei sie zu beachten haben, daß sie sich davor hüten, mit anderen Reisenden, mit denen sie etwa in den Hotels oder sonstwie in Berührung kommen, über die Angelegenheit ihres Hauses zu plaudern ..."

So begann Lothar Faber mit dem systematischen Ausbau eines großen Vertriebsnetzes, um sich den Weltmarkt zu erschließen, und er war sicher der erste seiner Zeit, der dabei nach einem Marketingkonzept, wie wir das heute nennen, vorging. Allerdings folgten die anderen Nürnberger Bleistift-Fabrikanten bald seinem Vorbild.

1843 beauftragte Lothar Faber die Firma J.G.R. Lilliendahl in New York mit dem Vertrieb seiner Stifte in der Neuen Welt. Auch hier war er Vorreiter: Zum ersten Mal versuchte ein deutscher Bleistiftfabrikant, sich dauerhaft in den USA niederzulassen. Fünf Jahre später beherrschte er tatsächlich schon den amerikanischen Markt, trotz der harten Konkurrenz aus England. In den USA selbst hatte sich bis dato noch kein einheimischer Unternehmer ans Bleistift-Business gemacht. Henry Petroski schreibt dazu 1989 in seinem Werk *The Pencil:* „Die ersten Bleistifte in Amerika wurden erst Anfang des 19. Jahrhunderts hergestellt. Diese Bleistifte waren bis in die 30er Jahre von deutlich schlechterer Qualität im Vergleich zu den Bleistiften aus England und Frankreich, so daß ausländische Stifte ein höheres Ansehen in den USA genossen als einheimische Produkte." Wieder kümmerte sich Lothar Faber selbst um die Erschließung des neuen, riesigen Marktes, mußte in den USA aber gegen Konkurrenz aus England, Frankreich und Österreich ankämpfen. 1849 gründete er eine eigene Filiale in der Reade Street Nr. 78 in New York und übertrug die Leitung seinem jüngsten Bruder Eberhard, der, 1822 geboren, in Erlangen und Berlin Theologie studiert hatte. Nun wurden die Faberschen Stifte in den USA direkt abgesetzt, zehn Jahre bevor auch die anderen Nürnberger Firmen, frustriert von der amerikanischen Zollpolitik, nach USA drängten. 1851 erzielte Eberhard Faber bereits einen Umsatz von 40.000 Gulden, ab 1. Januar 1854 wirtschaftete er praktisch selbständig, nachdem ihm der Bruder ein Startkapital von 175.000 Gulden überlassen hat, damit er die aus Stein gelieferte Ware sowie den Zoll bezahlen und ein Lager unterhalten konnte.

Auch Eberhard Faber erwies sich als fähiger Geschäftsmann. So kaufte er Zedernwälder in Florida auf und errichtete Sägemühlen für den Export des Holzes ins Stammhaus nach Deutschland. Verarbeitet wurde das Holz noch in den heimatlichen Fabriken, doch dadurch, daß Eberhard es in den USA bereits zersägen ließ, sparte er einen großen Teil der Transportkosten ein, was wiederum seinem Bruder Lothar sehr gut gefiel. Die Bindungen zwischen dem Stammhaus in Stein und der

Das Zweigwerk in Geroldsgrün bei Hof heute

Filiale in New York wurden daher immer enger. 1861, während Lothar Faber sein großes Fest zum 100. Jubiläum feierte, gründete Eberhard in Brooklyn seine eigene Firma, vertrat aber weiterhin die Interessen der Firma A.W. Faber, bis am 1. August 1881 auf dem Broadway Nr. 346, und ab spätestens 1888, wie aus den Briefköpfen des dortigen Hauses ersichtlich, am Washington Place Nr. 12 neue Filialen eröffnet wurden.

Lothar Faber hatte inzwischen seine Produkt-Palette erweitert. In dem 1861 eröffneten Zweigwerk in Geroldsgrün ließ er Schiefertafeln und Holzlineale herstellen, in einer Fabrik in Newark/USA Radiergummi und in Noisy-le-Sec in der Nähe von Paris Tinten. Somit war die Firma A.W. Faber in der Lage, sämtliche materiellen Bedürfnisse zu decken, die von Schreibtisch, Zeichenbrett, Schultafel oder Malerpalette ausgingen. 1851 hatte Lothar Faber bereits Großbritannien erobert, indem er in der Queen Victoria Street Nr. 149 seine erste Londoner Filiale eröffnete, von der aus die Geschäfte in England, Irland und dem gesamten British Empire beliefert wurden. Auch mit Indien, Australien, Südamerika, Japan und China florierte der Bleistifthandel von der Metropole London aus. Das Londoner Haus arbeitete allerdings im Gegensatz zu New York auf Provisionsbasis. Fünf Prozent Provision vergab Lothar Faber auf die Sorten von Bleistiften, die vier Gulden das Gros kosteten, zehn Prozent gab es für alle über vier Gulden teuren Sorten sowie die in Geroldsgrün hergestellten Schieferfabrikate. 1851 wur-

1849

Nach langen Auseinandersetzungen wird die Reichsverfassung vollendet, doch sie tritt nicht in Kraft. Dennoch beeinflußt sie wesentlich die weitere Entwicklung Deutschlands hin zur Demokratie.

den in London 7000 Gulden umgesetzt, vier Jahre später bereits 24.000, und 1873 schrieb Lothar von Faber, es sei innerhalb von 22 Jahren seit Bestehen der Agentur niemals auch nur der geringste Verlust entstanden.

1851 kommt Lothar Faber stolz von der Welt-Industrie-Ausstellung in London zurück und schreibt an seinen Bruder Eberhard:
„… ich will hier gleich noch einer Idee von mir Erwähnung thun, die eine gewaltige Empfehlung für meine Fabrik wurde und bleiben wird. Keinem anderen Bleistiftfabrikanten vor mir ist es eingefallen, die Zeit des Bestehens seiner Fabrik als Empfehlung für dieselbe zu benützen. Heute und seit jener Zeit steht auf dem Tableaux, Facturen, Briefköpfen, Wechseln, Etiketten: Fabrique fondée en 1761. Manufactory established 1761 … und mit großen Buchstaben von 1 1/2 Fuß Höhe steht im neuerbauten Ausstellungsgebäude hier oberhalb des großen schönen Ausstellungsschrankes 20 Fuß hoch an der Wand: ‚Die Fabrik besteht seit 1761‘ und muß jedem Fremden beim Eintritt sogleich in die Augen fallen!"

1854 errichtete Lothar Faber schließlich auch ein Zweighaus der Firma A.W. Faber in seinem geliebten Paris und zwar auf dem Boulevard de Strasbourg Nr. 12. Diese neue Filiale bekam nun auch ein genau begrenztes Absatzgebiet zugeteilt, es hatte außer Frankreich auch die Länder Algerien, Spanien, Portugal, Belgien, Holland, die Schweiz, Italien, Ägypten, die französischen Kolonien und bis 1880 auch Süddeutschland zu beliefern. „Ich war mir damals wohl bewußt welch' schwere Aufgabe ich mir stellte, ein Haus in Paris zu gründen", schreibt Lothar später an Eberhard, „ihm nicht persönlich vorstehen zu können und es von hier (Stein) aus hauptsächlich leiten zu müssen ohne irgendeine Kraft in Paris, die aus meiner Schule hervorgegangen ist und meine mich leitenden Grundsätze kennen gelernt hat."

Lothars Sorgen waren unbegründet. Das Pariser Haus arbeitete wie London auf Provisionsbasis, auf sämtliche Produkte wurde hier zehn Prozent Provision gewährt. Im ersten Jahr erzielte die französische Filiale einen Umsatz von 36.000 Francs, 1855 waren es 18.000 Gulden, 1869 bereits 300.000 Francs. Und Lothar konnte einmal mehr stolz sein auf seinen unternehmerischen Weitblick: „Paris ist es nun, von wo aus die Fabrik mit ihren Fabrikaten die Welt beherrscht, von dort gehen ihre Reisenden aus, Fremde aus allen civilisierten Ländern der Welt kommen nach Paris und besehen sich die Fabrikate meiner Fabriken, während sie sich hier in Stein nur selten einfinden."

Paris war für Lothar Faber die wichtigste Stadt überhaupt. Möglicherweise spielten da nostalgische Gefühle eine Rolle, jedenfalls lag dort für ihn der Schnittpunkt aller europäischen Handelswege. Dieses Musterhaus wollte Lothar weiter ausbauen, ja, es „auf die höchste Stufe der Vollkommenheit heben". Im Januar und Februar 1870 weilte er selbst in Paris, um den Umzug in ein eigens erbautes größeres Gebäude zu überwachen. Nach dem Ende des Deutsch-Französischen Krieges im Januar 1871 machte sich Lothar an die Reorganisation

der französischen Filiale, aus der die deutschen Mitarbeiter während des Krieges verbannt worden waren.
Wie wichtig ihm die neue Filiale in Paris war, beweist Lothars Brief an Eberhard: „... ich arbeite mit Lust und Liebe für dasselbe und werde es fortan viel mehr pflegen als bisher und arbeite dahin es zu einem Musterhaus aller Artikel meiner Branche zu machen ..." 30 Angestellte waren in dem Pariser Haus beschäftigt, wie Roland Doreth schreibt, sechs davon bildeten den Verwaltungsrat, also die Geschäftsführung. Dieser Verwaltungsrat mußte regelmäßig dienstags, donnerstags und samstags Konferenzen abhalten, in denen über alle geschäftlichen Angelegenheiten gesprochen und per Mehrheitsbeschluß entschieden wurde. Für jede Konferenz erhielten die an sich schon sehr gut verdienenden ersten Sechs noch zusätzliche Gratifikationen, die Leitung des Hauses behielt sich Lothar von Faber nach der Umstrukturierung selbst vor, der Prokurist mußte ihm dazu jede Woche einen ausführlichen Geschäftsbericht nach Stein liefern. 1873 eröffnete er in bester Lage, an der Ecke des Place de L'Opéra und des Boulevard des Capucines ein eigenes Verkaufsgeschäft, in dem ausschließlich Produkte der Firma A.W. Faber erhältlich waren.

1856

In der Nähe von Düsseldorf, im Neandertal, wird der Schädel eines Urmenschen gefunden. In die Wissenschaft ist dieser Vorfahre als der „Neandertaler" eingegangen.

In seinem Brief an Eberhard geriet Lothar förmlich ins Schwärmen:

„... kein ähnliches Magazin in London, Neuyork, Paris, Berlin, Wien usw. soll bestehen, welches schöner und in edlerem einfachen Styl ist, als jenes des Pariser Hauses. Die Ausstattung dieses Magazins 12 Meter lang 7 metres breit, wird 18.000 Francs kosten und der Eindruck, den es auf das eigene Personal und alle Käufer und Fremde macht, wird sicherlich die Zinsen zahlen und auch die Kosten mit der Zeit wieder einbringen."

1872, nach den Neu-Eröffnungen in New York, Paris und London, ging Lothar von Faber nach Wien und eröffnete die Filiale, die den Absatzmarkt Österreich und Ungarn abdecken sollte, nachdem Rußland von Moskau und St. Petersburg aus beliefert wurde. Die Wiener Dépendance arbeitete wie die in London auf Provisionsbasis. Schließlich wurde 1877 in Berlin eine Filiale eröffnet. Lothar von Faber beauftragte den renommierten Architekten Hans Grisebach mit dem Bau eines repräsentativen Geschäftshauses in der Friedrichstr. 79, das 1882/83 nach dessen preisgekröntem Entwurf errichtet wurde. Das bald berühmte „Faber-Haus" lockte als Meisterwerk der Architektur zahlreiche Schaulustige aus In- und Ausland an. Berlin war nun zuständig für Norddeutschland, Dänemark, Norwegen und Schweden, später auch für den süddeutschen Raum. Und so gab es bereits in den späten 80er Jahren für die Firma A.W. Faber kaum noch einen weißen Fleck auf der Weltkarte der Absatzmärkte für Bleistifte. Lothar von Faber hatte geschafft, was von jeher Leitmotiv seines Wirkens gewesen war: „Mir war es von Anfang an nur darum zu tun, mich auf den ersten Platz emporzuschwingen."

Von großer Bedeutung für den kontinuierlichen Ausbau seiner Bleistiftfabrik war für Lothar von Faber allerdings auch die Erschließung neuer Rohstoffquellen. Als der französische Kaufmann Johann Peter Alibert 1847 auf einer Reise durch Sibirien das schon früher von einem Kosakenoffizier entdeckte Graphitvorkommen besuchte und dabei nach langwierigen Forschungen auf dem Berg Batougol, in 2000 Metern Höhe nahe der chinesischen Grenze bei Irkutsk, ein Vorkommen mit reinstem Graphit entdeckte, zögerte Lothar Faber nicht, sich dieses Vorkommen im Jahre 1856 „für jetzt und alle Zeiten" durch einen von der russischen Regierung gegengezeichneten Vertrag mit Alibert zu sichern. „Wen wundert es", schreibt dazu Dieter Eich, „daß der Zentner des mühsam abgebauten schwarzen Goldes, das in großen Blöcken, sorgfältig in Kisten verpackt, auf dem Rücken von Rentieren durch ein straßenloses Land über ungeheure Strecken und schließlich teils über den See-, teils auf dem Landweg zur Fabrik befördert wird, loco Stein 600 Gulden kosten würde."

Kosten hin, Kosten her – mit seinem eigenen Graphit hat sich Faber endlich von den Engländern unabhängig gemacht, zudem ist das in Rußland abgebaute schwarze Gold in seiner Qualität dem aus Borrowdale weit überlegen und bringt der Firma A.W. Faber endgültig die Weltmachtstellung.

Das einst berühmte A.W. Faber-Haus in Berlin, Friedrichstraße. Es fiel im 2. Weltkrieg den Bomben zum Opfer

Das Graphitbergwerk von A.W. Faber in Sibirien um 1860

Freiherr Lothar von Faber

Politik

Am 28. März 1865 ist es Zeit für den so fortschrittlich gesinnten Freiherrn Lothar von Faber, sich auch politisch zu engagieren. König Ludwig II. ernennt ihn zum lebenslänglichen Reichsrat der Krone Bayerns, womit Faber zum Mitglied der Ersten Kammer wird. Er bleibt bis zum 27. September 1869 in der Kammer und lockt in dieser Zeit zahlreiche Mitglieder des Königshauses nach Stein, die seine vorbildlichen Anlagen besichtigen. Die hohen Gäste werden mit offenen Armen empfangen und fürstlich bewirtet. Doch in München hält das neue Amt nicht nur Freuden, sondern viele, manchmal lästige Pflichten für Lothar von Faber bereit. Vor allem ist nicht angenehm, daß ihn sein hohes Amt für Monate fern von der Heimat führt, denn mit der Postkutsche jedesmal von Stein nach München zu reisen, ist unmöglich. 1869 klagt Lothar Bruder Eberhard sein Leid:
„… am 27. April wurden gottlob die fünfmonatelangen Landtagssitzungen und damit die letzte sechsjährige

Wahlperiode geschlossen. Ich reise noch am nämlichen Tage nach Stein zurück und traf bei meiner Ankunft Ottilie in einem bejammernswerthen Gemüthszustand, da sie den Tod ihrer Mutter und ihres Bruders befürchtete, die krank in unserem Hause liegen, sodaß ich selbst die ganze Nacht nicht schlafen konnte … was um so mißlicher war, als ich am selben Tage einer sechsstündigen Versammlung in Nürnberg beiwohnen mußte, betreffs eines bayerischen Gewerbemuseums …"

Seine Ernennung zum Reichsrat sieht Lothar von Faber allerdings auch als eine willkommene Gelegenheit an, seine so hehren wie strengen Lebensgrundsätze nun nicht nur innerhalb seiner Familie und seiner Arbeiterschaft, sondern auch in einer breiteren Öffentlichkeit zu propagieren und sein segensreiches Wirken sozusagen dem Wohl der gesamten bayerischen Bevölkerung zugute kommen zu lassen. Er hat bald mehr als genug damit zu tun, denn seiner Ernennung folgt eine arbeitsreiche Zeit für die Kammer, da die bestehenden Sozialgesetze der veränderten gesellschaftlichen Entwicklung angepaßt werden sollen. Unter der Vielzahl der neuen Gesetze sind die wichtigsten das 1868 erlassene Bayerische Gesetz über Heimat, Aufenthalt und Verehelichung, die Wehrverfassung vom 30. Januar 1868 sowie die im selben Jahr beschlossene Gewerbeordnung für Bayern. Lothar von Faber, der Experte, wird in den „Sozial-Gesetzgebungsausschuß" gewählt, wo ihm die entsprechenden Gesetzesentwürfe vorgelegt werden, die er zu bearbeiten hat – auch das Referat über den Gesetzesentwurf „das Gewerbswesen betreffend"

wird ihm übertragen. So stolz Lothar auf sein neues Amt und die ihm damit übertragene Verantwortung auch ist, er fühlt sich doch gelegentlich etwas unwohl in der Umgebung der hohen Ratsherren, was möglicherweise auch mit seinem sehr „jungen" Adelsprädikat zu tun hat. Er schreibt an Eberhard:
„In der Kammer fühlte ich mich unbehaglich, die Arbeiten waren mir fremdartig. Noch unbehaglicher fühlte ich mich in meinem neuen Beruf zu Hause im Hotel allein zwischen 4 Mauern. Unbehaglich war es mir in der Kammer zu sitzen und nur ‚Ja' und ‚Nein' zu sagen. Die Nürnberger Bahnhoffrage gab mir zuerst Gelegenheit in öffentlicher Sitzung zu sprechen, die zweite Veranlassung war der Zollvereinsvertrag mit dem norddeutschen Bunde, der große Aufregung in der Kammer und im ganzen Lande verursachte und speziell auch mir ..."

Die Reihe der Vortragenden über das Gewerbegesetz beginnt bei Lothar von Faber. In flammender Rede, mit größtem Elan und Begeisterung tritt der Konzernherr aus Stein jetzt in München für die völlige Freiheit des Gewerbes ein. Den von ihm unterstützten Gesetzesentwurf nennt er „eine Mündigkeitserklärung des bayerischen Gewerbes", die man dem Gewerbestand nicht einen Tag länger verweigern dürfe. Faber erinnert an die Weltausstellung von 1867 in Paris, wo nur Produkte aus der Industrie und keine des Handwerks vertreten waren. Außerdem, so argumentiert er, sei er der festen Überzeugung, daß die Gewerbefreiheit auch der bayerischen Industrie zu einem ungeahnten Aufschwung verhelfen würde. Lothar von Faber ist offenbar ein guter Redner, jedenfalls gelingt es ihm, die Kollegen in der Kammer zu überzeugen. Das Gewerbegesetz, das 1869 ausgearbeitet und erlassen wird, ist genau so, wie er sich das gewünscht hatte, „... so daß wir jetzt in Bayern das freisinnigste Gewerbegesetz haben, welches auf unserem ganzen Continent heute besteht ..."

Auch bei der Debatte über ein neues Gesetz zum Volksschulwesen bringt Lothar von Faber seine Vorstellungen ein. Da er selbst nicht so lange die Schule besuchen durfte, wie er das gerne gewollt hätte, kämpft er als Erwachsener für eine bessere Ausbildung der Jugendlichen. Denn Sozialgesetzgebung kann nur dann erfolgreich sein, davon ist Faber überzeugt, wenn das Verständnis für die staatliche Ordnung beim einzelnen Staatsbürger durch eine umfassende Bildung und eine praxisbezogene Lehrtätigkeit bereits an den Volksschulen auch geweckt und gefördert werde. Lesen, Schreiben, Rechnen zu lernen sei nun nicht mehr ausreichend, wetterte Reichsrat Faber, es sei wichtig, die Jugend in einer Art Staatsbürgerkunde Kenntnisse zu vermitteln, die ihr ermöglichten, sich in der zunehmend komplizierter werdenden Selbstverwaltung der Gemeinden noch zurechtzufinden und so zu verantwortungsvollen Bürgern werden zu lassen. Auch für die Einrichtung von Fortbildungsschulen setzte sich Faber ein, dort sollten sich die Bayern über Rechte und Pflichten eines Staatsbürgers informieren und Einblick in die für das praktische Leben relevanten Gesetze nehmen können. Der Untertan als politisch denkender, mündiger Staatsbürger – das war den konservativen Räten der bayerischen Monarchie wohl doch ein wenig zu modern: Der Gesetzesentwurf wurde abgelehnt.

Und auch Lothars Antrag, die körperliche Züchtigung an den Volksschulen abzuschaffen, wird mit vier zu 38 Stimmen mit überwältigender Mehrheit abgelehnt. Eine Schlappe für Lothar von Faber, doch er läßt sich nicht von seinem Weg abbringen: In den Arbeiter-Schulen in Stein werden die Rohrstöcke ein für allemal in die Ecke gestellt. Und was das neue Wehrgesetz betraf, das auf der allgemeinen Wehrpflicht der jungen Männer beruhte, konnte Faber wieder einen Erfolg verbuchen: Das von ihm vehement vertretene Institut der Einjährig-Freiwilligen wird nach seinen Vorstellungen eingerichtet.

Aus seiner Korrespondenz mit Bruder Eberhard wissen wir, daß sich Lothar von Faber trotz seines großen Engagements für die Öffentlichkeit in seiner Stellung als Reichsrat nicht sehr wohl fühlte, vermochte er doch nicht seinen Pflichten als Politiker und Fabrikherr gleichzeitig gerecht zu werden. Im Mai 1889 schreibt er nach New York:
„Ich hatte ungeure Mühe und Anstrengung mit meinem geschäftlichen und reichsräthlichen Beruf fertig zu werden. Es gieng während der Sitzungen immer stellenweise von München nach Stein & von Stein nach München. In Fühlung mit meinen Geschäften konnte ich nicht bleiben, wenn ich auch das Wesentliche verrichtete.

1869

Der russische Autor Leo Tolstoj schreibt den Roman „Krieg und Frieden". Das Monumentalwerk wird nicht nur als russisches Nationalepos gesehen, sondern auch als Meilenstein der Weltliteratur.

Das in steter Fühlung bleiben allein aber bedingt den Erfolg. Und in dieser Beziehung konnte ich für's Geschäft nicht leisten, was mir außerdem möglich gewesen wäre. Die Fabrik gieng in Manchem zurück, in Vielem nicht vorwärts. Es ist niemand da, der mich ersetzen könnte (…), und mein Wissen für all diese Arbeiten war mir viel zu gering, diese Arbeiten lagen weit ab von meinem eigentlichen Geschäftsberuf, die große Staatsmaschinerie war mir fremd wenigstens in ihren umfassenden großen Details (…). Will ich mich meiner Familie erhalten, so muß der reichräthische Beruf fallen, ich kann in meinen Verhältnissen fernerhin zweier Herren nicht dienen, thue ich es nach beiden Seiten, so richte ich meine Gesundheit ganz zu Grunde!"

Und in einem späteren Brief heißt es noch deutlicher: „Nachdem die Fabrik meiner vierjährigen stetigen Leitung entbehrt hatte, war sie versumpft."

So ist es kein Wunder, daß Reichsrat Lothar von Faber 1869 König Ludwig II. um seine Entlassung bittet. Der König willigt nur ungern ein:

„Herr Reichsrath von Faber! Sie haben an mich die Bitte gebracht, wegen wachsender Ausdehnung Ihrer Geschäfte von der Würde eines Reichraths entbunden zu werden. Bin Ich auch im Interesse der heimischen Industrie über das ungemeine Aufblühen des von Ihnen geleiteten Geschäftszweiges hocherfreut, so bedaure Ich doch, daß Sie deshalb von Ihrem politischen Wirken zurücktreten zu sollen glauben und ertheile Ihnen daher nur ungerne die erbetene Genehmigung. Empfangen Sie bei diesem Anlaß die Versicherung Meiner geneigten Gesinnungen, womit Ich verbleibe

Schloß Berg, den 27. September 1869
Ihr gnädiger König
Ludwig

Allerdings hat Lothar von Faber in seinem Entlassungsgesuch dem König versichert, er werde sich auch weiterhin intensiv für das Wohl des Landes und der Bürger einsetzen, wozu er bald darauf mit der Gründung des bayerischen Gewerbemuseums die beste Gelegenheit hat.

Projekte
und Visionen

Lothar von Faber gehörte – gemeinsam mit Johann Friedrich Klett, der die spätere M.A.N. ins Leben rief, sowie Bürgermeister Johannes Scharrer, der am Bau der ersten Eisenbahn in Deutschland maßgeblich beteiligt war, zu den großen Erneuerern Nürnbergs im 19. Jahrhundert. Er war an der Gründung von drei wichtigen Institutionen maßgeblich beteiligt: dem Bayerischen Gewerbemuseum, der Vereinsbank Nürnberg und der Nürnberger Lebensversicherung.

„Werde ich auch nicht mehr Reichsrath seyen," schreibt Lothar an Eberhard, „so kann ich dem öffentlichen Wohl anderweitig Dienste leisten und zwar so recht auf meinem Gebiete durch Betheiligung an dem bayerischen Gewerbemuseum, das eine Frucht meines Gewerbsgesetz-Referates ist und das unserem Bayernland großen Segen bringen kann und welches mir zunächst einstmals Nürnberg danken wird." Faber

1871

Otto von Bismarck ruft in Versailles das Deutsche Reich aus. Kurz darauf wird Berlin zur Hauptstadt des Reiches erklärt. Der einsetzende Boom macht es schnell zur Millionenstadt.

mißt diesem Projekt große Bedeutung für die Weiterbildung aller Gewerbetreibenden bei, insbesondere, so Dieter Eich, „um den industriellen Fortschritt in Bezug auf Schönheit, Form und technische Vollendung aller Industrie-Erzeugnisse zu fördern." Die Gründung des Gewerbemuseums (heute: Bayerische Landesgewerbeanstalt) lag Lothar von Faber sehr am Herzen. Bereits 1868 hatte er gemeinsam mit Theodor von Cramer-Klett die Idee dazu, jeder von beiden war bereit, ein Gründungskapital von 50.000 Gulden zu stiften. Faber fordert vor der Reichsrathskammer die „Einrichtung einer Zentralstelle nebst Gewerbemuseum" in Nürnberg, dem „Zentralpunkt der bayerischen Industrie". Denn, so legte er dar, aufgrund der zu erwartenden Gewerbefreiheit bedürfe gerade das Handwerk intensiver Förderung, um es gegenüber den zahlreichen neuen Fabriken konkurrenzfähig zu halten. Ein Gewerbemuseum sollte die Entwicklung des Gewerbes kontinuierlich fördern und dazu beitragen, das einheimische Handwerk auch gegenüber dem Ausland konkurrenzfähig zu halten. Die Gründung auf dem Papier erfolgte zwar bereits am 28. April 1869, doch der deutsch-französische Krieg verzögerte das Projekt, erst 1871 stellt der Gewerbeverein entsprechende Räume im alten Fleischhaus an der Fleischbrücke zur Verfügung, in denen nach der Renovierung das Gewerbemuseum eröffnet wurde.

Nach Fabers Plänen wurde dort eine umfangreiche Sammlung von gewerblichen und technischen Produkten, Rohstoffen, Werkzeugen und Modellen zusammengetragen. Doch hier sollte es nicht nur Ausstellungsstücke zu bestaunen geben, sondern der Besucher auch die Möglichkeit haben, sich fortzubilden: angeboten wurden Fachkurse, eine Bibliothek und ein Informationsbüro, zum weiteren Aufgabenbereich des Museums gehörten außerdem die Förderung des gewerblichen Unterrichts, die Veranstaltung von Vorträgen und Wanderausstellungen aus aller Herren Länder. Auch eine Zeitschrift namens *Kunst und Gewerbe* wurde regelmäßig herausgegeben, Lothar von Faber zeichnete als Mitglied des Verwaltungsrates und Ehrenvorsitzender des Gewerbemuseums verantwortlich.

Im selben Jahr, am 15. Juni 1871, gründete Lothar von Faber gemeinsam mit den Bankiers Paul Knopf und Eduard Kalb, dem Fabrikanten Christian Schmidtner und dem Privatier Moritz Bloch die „Vereinsbank Nürnberg", bei der er Präsident des Verwaltungsrates wird. Das Grundkapital beträgt 1,5 Millionen Taler und kann je nach Bedarf auf sechs Millionen erhöht werden, der Aufsichtsrat ist auf ein Jahr gewählt und kann gegebenenfalls auf elf Personen erweitert werden. Ziel dieser 23. Vereinsbank Deutschlands, die sich hauptsächlich mit Hypothekengeschäften befaßt, ist es einmal mehr, die deutsche Industrie zu fördern und durch die Vergabe von Realkrediten besonders auch der herrschenden Kapitalnot in der Landwirtschaft abzuhelfen. Aus diesem Grunde wurde die Vereinsbank mit einer Bodenkreditanstalt verbunden. Lothar von Faber war nämlich der sicher nicht abwegigen Meinung, daß die in Nürnberg bestehende königliche Bank den gestiegenen Anforderungen der Zeit nicht mehr genüge, besonders was die Bauern anging.

Sein Interesse für die Landwirtschaft zeigte sich schon 1865 bei der Gründung des landwirtschaftlichen Vereins Unterweihersbuch bei Stein. Dieser machte sich die Förderung der Waldkultur und besonders auch der Obstbaumzucht zur Aufgabe, brachte aber auch die allgemeinen Probleme in der Landwirtschaft durch Vorträge, die Verbreitung landwirtschaftlicher Schriften und einschlägiger Verordnungen und Gesetze die Bauern betreffend, zur Sprache. Als eine große Dürre im Jahr 1893 die Ernte weitgehend vernichtet und der Viehbestand erschreckend zurückgeht, wird der Verein aktiv. Lothar von Faber stellt die nötigen Mittel zur Verfügung, um Saatgut und Futterartikel aus Norddeutschland einzukaufen und gründet den Raiffeisenverein, der 1893 bereits 60 Mitglieder zählt. Aber Lothar macht sich auch direkt nützlich für die Landwirtschaft, er besichtigt mehrere landwirtschaftliche Güter, darunter die bekannte Farm Callenberg des Herzogs von Coburg, denn er plant, selbst einen Musterbauernhof zu errichten. In den Jahren von 1865 bis 1868 kauft der Freiherr daher in Unterweihersbuch bei Stein vier Bauernhöfe, wo er Pferde-, Rinder- und Schweinezucht betreibt und zwar in so vorbildlicher Weise, daß die Landwirte der Umgebung immer wieder zu Studienzwecken zu Besuch kommen. Neben der Viehzucht gehört Lothars Interesse aber besonders der Einführung neuer Nutzpflanzen und hier natürlich vorrangig dem Zedernholz, das er zur Herstellung seiner Stifte benötigt. Er führt Zedernsamen aus Florida ein und pflanzt sie in Stein mit

Erfolg an. Das Fabersche Zedernwäldchen gedeiht prächtig und wird erst im Zweiten Weltkrieg zerstört.

Doch zurück zu dem dritten großen Nürnberger Projekt Lothar von Fabers, der „Nürnberger Lebensversicherung A.G.", die im Jahr 1884 gegründet wurde. Als Lothar sich nämlich mit der internen sozialen Absicherung seiner Arbeiter beschäftigte, war ihm aufgefallen, daß es in Bayern weit weniger Lebensversicherungsgesellschaften als in anderen Ländern gab. Am 21. Februar 1883 richtete er daher eine Eingabe an das Königlich Bayerische Staatsministerium des Innern, Abteilung für Landwirtschaft, Gewerbe und Handel, mit der Bitte um Bewilligung einer Aktiengesellschaft in Nürnberg zum Zwecke des Betriebes einer Lebens-, Kapital-, Renten- und Aussteuerversicherung. Mit Lothar von Faber unterzeichneten auch die Nürnberger Geschäftsleute Friedrich von Grundherr, Johannes Falk, Johann Georg Kugler, Moritz Pöhlmann, Samuel Bloch und Karl Wunder. Nach langwierigen Prüfungen wurde die AG erst am 28. September 1884 genehmigt, das Aktienkapital betrug drei Millionen Mark, wovon die Gründer 20 Prozent bar einzahlten. Lothar von Faber übernahm den Vorsitz im neu gebildeten Aufsichtsrat, ein Posten, den er bis zu seinem Tod inne hatte.

1887 wurde auf Anfrage der Königlichen Regierung von Mittelfranken in geheimer Recherche ein Bericht über die Aufsichtsratsmitglieder angefertigt. Er fiel äußerst positiv aus:
(Sie) „genießen den Ruf vollkommenster Ehrenhaftigkeit, sind in der Mehrzahl als sehr wohlhabend, ein Teil

derselben als reich zu bezeichnen, einzelne in juristischer bzw. fachmännischer Beziehung sehr tüchtige Geschäftsleute. Sie zählen zu den ersten Geldkräften der Stadt. Die Versicherten laufen kein Risiko, für eine ordentliche Geschäftsführung bürgen außer den Direktoren die Aufsichtsratsmitglieder, die in der Lage und wohl auch willens sind, allen Ansprüchen, die rechtens gestellt werden, nachzukommen. Beanstandungen oder Nachteiliges über die Geschäftsführung der Nürnberger Lebensversicherungs-Bank sind weder bekannt geworden, noch tatsächlich vorgekommen."

1882

In Berlin wird die Straßenbeleuchtung mit elektrischen Bogenlampen eingeführt. Damit wird eine Entwicklung eingeleitet, die den Menschen unabhängig vom Licht der Natur macht. Die Nacht verliert ihren privaten Charakter und wird öffentlich.

Der König konnte also ganz beruhigt sein. Die Nürnberger Lebensversicherung AG führte zudem als erstes bayerisches Unternehmen eine Unfallversicherung ein, schloß 1886 das Passagierrisiko, also eine erste Reiseversicherung, ein und bot auch ganz besondere Dienste, wie die Militärdienstversicherung für Knaben oder eine Ledigen-Versicherung für Mädchen, denen es nicht gelingen sollte, bis zu einem gewissen Alter einen Ehemann zu angeln.

Wenn es auch heute nicht mehr möglich ist, sich gegen Ehelosigkeit und Militärdienst zu versichern, war es Lothar von Faber doch hier einmal mehr gelungen, ein Unternehmen ins Leben zu rufen, das heute noch besteht: die Nürnberger Lebensversicherung.

Im März 1879 legte Lothar von Faber eine Denkschrift über *Die Zukunft Nürnbergs. Seinen Mitbürgern gewidmet* vor. Sie enthält einen kompletten Entwurf zur Neugestaltung der Stadt, um, wie Lothar von Faber im Vorwort schreibt, „... meinem lieben altehrwürdigen Nürnberg einen erneuten Beweis zu geben, wie sehr mir sein Aufblühen zum früheren Glanze am Herzen liegt, habe ich die Verwirklichung einer Idee, die ich schon seit Jahren hege, von bewährten, sachverständigen Kräften ein Projekt ausarbeiten lassen zur Herstellung einer Ringstraße mit Anlage um unsere Stadt, denn ich bin überzeugt, daß keine andere Stadt in Deutschland eine so günstige Gelegenheit hat, wie die unsrige, durch Einfüllung des Stadtgrabens eine allen Einwohnern zu Gute kommende Anlage zu schaffen, durch welche Allen die Möglichkeit gegeben wird, sich auf kürzestem Wege nach des Tages Last und Arbeit der Wohlthat des Ergehens und Ausruhens unter Bäumen und schönen Anpflanzungen zu erfreuen. Ja, ich müßte es geradezu als ein Verbrechen an der Zukunft unserer Stadt halten, wenn unser Stadtgraben nicht zu diesem Zwecke verwendet würde ..."

An späterer Stelle seiner Denkschrift schreibt Lothar von Faber enthusiastisch:
„Ich glaube an eine schöne und reiche Zukunft Nürnbergs, die mit festem Willen unter Anwendung der erforderlichen Mittel herbeigeführt werden kann und bin überzeugt, daß der alte Glanz und Ruhm unserer Stadt, der in Bezug aus Kunst, Wissenschaft, Dichtung, Handel und Industrie die Blüthezeit Nürnbergs genannt wird, in Zukunft wiedererlangt und noch weiter erhöht werden kann ..."
Nach den Vorbildern Paris und Wien sollen breite Boulevards und neue geräumige und repräsentative Wohn-

häuser in Nürnberg errichtet werden. Faber kritisiert das Vorgehen des Magistrats bei der beschlossenen Beseitigung der Stadtmauern, der das alte Stadtbild soweit als möglich erhalten wollte. Nicht so Faber, der meint, Burgpartie und die vier Tortürme reichten völlig aus, um an Nürnbergs mittelalterliche Herkunft zu erinnern. In seiner Denkschrift zitiert er aus Plänen des Architekten Adolf Gnauth und des Stuttgarter Garteninspektors A. Wagner, die er zuvor in Auftrag gegeben hatte. Auch die vermutlichen Erschließungskosten hat Faber bereits errechnen lassen: 31 Mark 48 pro Quadratmeter Baugrundstück – eine erhebliche finanzielle Belastung für die Stadt, die möglicherweise aus diesem Grund von Fabers Plänen Abstand nahm.

Auch das Schulwesen Nürnbergs lag Lothar von Faber am Herzen – er forderte, Volkswirtschaftslehre und Zeichnen in den Stundenplan zu integrieren. Denn wie er es schon öfter in Stein geäußert hatte, hielt es Faber für essentiell, die Bildung und Erziehung der Jugend zu verbessern, um auf Dauer den Aufschwung von Handwerk und Industrie zu garantieren. Ob Faber bei der Einführung des Zeichenunterrichtes an die Vielzahl von Stiften gedacht hat, die natürlich von der Firma A.W. Faber bezogen werden würden, ist nicht überliefert.

Die schönen Künste sind ihm überaus wichtig, das belegt wieder einer seiner Briefe an den Bruder Eberhard vom Mai 1869:
„… beklagen muß ich es, daß der Vater nicht strenge darauf hielt und achtete, daß ich auch Musick und Zeichnen lernte … Zeichenstunde konnte in der La-

teinschule nehmen, wer da wollte, ich nahm keine und wurde leider vom Vater nicht dazu angehalten. Musick und Zeichnen gehören zur allgemeinen Bildung. Von einem gebildeten Menschen verlange ich beides ... Der Kunstschullehrer von Kreling ... sagte bei einem Festmahle in einem Toast auf die Kunst: ‚Ohne die Kunst ist alles Lumperei!' Ist dies auch eine triviale Ausdrucksweise, so enthält sie doch eine tiefe Wahrheit. Die Kunst und durch sie die Schönheit giebt dem Leben erst die rechte, höchste Weihe. Die Kunst ist der Maßstab für die Bildung eines Volkes und somit ist sie für die Bildung selbst unumgänglich, nothwendig, bei dem gebildeten Volke der Erde, stand die Kunst am höchsten als Ausfluß der hohen Bildung der damaligen Griechen ..."

Doch nicht nur die Erneuerung des Schulwesens, sondern auch die Gründung von Schulsparkassen, die Rückverlegung der Universität von Erlangen nach Nürnberg, den Bau eines neuen Polytechnikums, nachdem das frühere nach München verlegt worden war, den Schutz des Nürnberger Reichswaldes und die Errichtung eines europäischen Parlamentes fordert Lothar von Faber in seiner Denkschrift. Wie dieses Parlament aussehen soll, beschreibt er so:
„Ein europäisches oder internationales Parlament, zu welchem jede Großmacht Abgeordnete, vielleicht 18 an der Zahl – sechs von der Regierung, sechs vom Senat, sechs von der Volkskammer gewählt – entsenden und welches somit aus 108 der besten und edelsten Männer Europas bestehen würde, wäre wohl am Ehesten geeignet und berufen, eine solche internatio-

nale Rechtsordnung zu berufen, mittelst welcher vor Allem Grenzveränderungen durch Gewalt ausgeschlossen und allen europäischen Gross-, Mittel- und Kleinstaaten vollständige Selbstständigkeit, Unabhängigkeit und Freiheit im Innern garantirt würde. Ein solches Parlament, für welches die bisher stattgefundenen europäischen Congresse als Vorläufer betrachtet werden können, in seiner Mehrheit aus conservativen Elementen zusammengesetzt, würde sichere Garantie bieten für all' das Weise, Vernünftige und Wohlthätige, was in den bestehenden Einrichtungen der Menschheit gegeben ist und würde den Fürsten und Völkern Europas zum Heile gereichen. Das europäische politische Gleichgewicht wäre dadurch geschaffen und das ökonomische würde sich alsdann von selbst finden ..."

Lothar von Faber – der visionäre Weltverbesserer: das Europäische Parlament wurde bekanntlich erst Jahrzehnte später, im Jahr 1958, gegründet.

Lothar stiftet der Stadt Nürnberg die stattliche Summe von 100.000 Mark, „oder eben die Summe, welche jährlich 5000 Mark Zinsen bringt ... denn dies war die Summe, welche ich mein Eigenthum nennen konnte, als ich meine selbständige geschäftliche Thätigkeit hier begonnen habe ..." Diese Summe Geldes sollte fortan als Stipendium an „einen unbemittelten, aber geschickten und geistig befähigten, soliden, jungen Mann" gehen, „der sich einem Gewerbe gewidmet hat und der einer unbemittelten, aber sittlich reinen Familie im Stadt- oder Landbezirke Nürnberg entstammt, zur Begründung seiner Selbstständigkeit ausbezahlt werden. Möge es für alle Zukunft Jedem, der die Summe erhält, gleich mir durch rastlose Thätigkeit und angestrengten Fleiss gelingen, Erfolge zu erzielen und den Ruf unserer Gewerbe und Fabriken zu erhöhen."

Lothar von Faber – der Wohltäter. Sein Engagement auf allen Gebieten machten den Bleistiftfabrikanten aus Stein zu einer der für Nürnberg wichtigsten Unternehmerpersönlichkeiten des 19. Jahrhunderts. Daß Fabers Vorschläge zur Erneuerung des Nürnberger Stadtbildes keinen Zuspruch fanden, kann man zwar heute nur begrüßen, seine Gedanken zu Weltpolitik und Schulwesen jedoch waren wahrhaftig vorausschauend und für die Zeit äußerst fortschrittlich.

Nikolaus August Otto erfindet den Viertaktmotor. Damit wird die Entwicklung zum Bau von Automobilen eingeleitet, eine Erfindung, die die gesamte Gesellschaft grundlegend verändern sollte.

Die Konkurrenz aus eigenem Haus

Wie bereits an früherer Stelle erwähnt, hatte Lothar von Faber zwei Brüder, den am 6. Dezember 1822 geborenen Eberhard und den am 15. Juni 1819 geborenen Johann, der in der Familie Jean gerufen wurde. Eberhard Faber arbeitete mit in der Steiner Fabrik, bis er 1849 die Leitung der New Yorker Dependance übernahm. Johann Faber, der bis dato als Kellner in Prag gearbeitet hatte, wurde 1840 in die Firma aufgenommen und sollte sich dort hauptsächlich um die technische Leitung kümmern. Lothar fühlte sich zeitlebens für seine jüngeren Brüder verantwortlich, er sparte nicht mit wohlmeinenden Ratschlägen, die diese nicht immer nur erfreut haben dürften.

Mit Johann schloß Lothar einen Gesellschaftsvertrag, der erst mit dem Tod des Firmenchefs erlöschen sollte. Er schickte den kleinen Bruder früh, im Jahr 1842, auf Auslandsreisen nach Sachsen und Preußen und in die

Hansestädte Lübeck, Hamburg und Bremen oder 1843 nach Norddeutschland. Lothar ernannte Jean auch zu seinem Vertreter, er leitete die Fabrik, wenn Lothars Tätigkeit als Reichsrat ihn in München festhielt. Doch Jean konnte Lothars hohen Ansprüchen nicht genügen, die Qualität der Bleistifte ging in seinen Augen deutlich zurück, wenn er nicht selbst alles überwachte, und so beklagte er sich immer wieder brieflich bei dem in New York lebenden Bruder Eberhard:

„Nun will ich aber den anderen Fall annehmen, ich wäre im Jahr 1840 gestorben und Jean wäre dann auf die Fabrik gekommen und hätte sie nach dem Tod der

Johann Faber

Mutter auf alleinige Rechnung übernommen, wenn die anderen Geschwister es allenfalls nicht vorteilhafter gefunden hätten, die Fabrik und das Anwesen gänzlich zu verkaufen ... Was wäre unter Jean aus der Fabrik geworden? Die Kenntnisse, das Wissen, die Bildung, die Jean 1840 mit hierher brachte, waren in Beziehung auf die Fabrik geringer als jene von unserem Vater, der die Fabrik nach Innen durch und durch kannte. Ob Jean in geistiger Befähigung dem Vater etwas voraus hat, ich glaube es nicht, soweit ich den Vater beurtheilen konnte. Jean hatte im Wissen dem Vater gar nichts voraus als das französisch das er als Kellner lernte und das wenige englisch."

Lothar von Faber hielt also nicht sehr viel von seinem Bruder, dem er nach eigenen Worten immer wieder schriftliche „Aufmunterung" zukommen lassen mußte. Die sah dann so aus, wie er es in einem Brief an den sich auf Geschäftsreise in Dresden befindlichen Jean formulierte:

„... Du beweist bei den meisten Deiner Handlungen und Deines Verhaltens, daß Du durchaus noch nicht die erforderliche Überlegung gewonnen hast. Du wirst erst noch diese Erfahrungen machen, die mir schon längst bekannt sind und aus denen ich schon seit vielen Jahren Nutzen ziehe. Wie die Fabrik sich mit der Zeit machen muß, kannst Du auf Deiner Reise neuerdings einsehen lernen. Die Hauptsache für Dich ist, daß Du Dir Selbsterkenntnis verschaffst und sie gehörig im Auge behälst. Deine Bemerkung: ‚denn hier lieber Lothar herrscht, wenn man einmal so ein wenig in der Arbeit ist, eine gewisse Gleichgültigkeit bei uns' bezieht sich zuerst auf Dich, denn Du sollst die erste Person vorstellen und folglich muß von Dir die Gleichgültigkeit ausgehen ... dein Abschied von den Steinern hat mir <u>ganz</u> mißfallen. Deine Annäherung an solche Leute läßt noch gar zu viel von Deinem jetzt wahrscheinlich verhaßten Kellner- und Hausknechtleben wahrnehmen. Du nimmst jetzt einen anderen Stand ein und mußt Dich darin zu verhalten suchen ... auch mußt Du Dir mehr Tätigkeit angewöhnen. Ich arbeite gegenwärtig den ganzen Tag über mit aller Lust und Liebe und stehe dabei alle Morgens um fünf Uhr auf!"

Solche Aufmunterungen Lothar von Fabers waren doch auch häufig ganz einfach Befehle, die der Bruder bitteschön ohne weitere Fragen auszuführen hatte:
„Handle in allem getreu nach meiner Weisung und führe alles buchstäblich nach meinen Vorschriften aus, ohne Dich zu fragen warum!" Oder: „Widme Dich während meiner Abwesenheit ganz und gar dem Geschäfte!" Und: „Suche nur mit mehr Liebe und Lust für unser Geschäft zu arbeiten, dann will ich gerne mein Schicksal mit Dir teilen. Sei nur umsichtig, recht aufmerksam und halte strenge Ordnung in allem!"

Bis zum Jahre 1876 gibt es immer wieder heftigen Streit zwischen den Brüdern, bis Jean endlich nach 36jähriger Tätigkeit für die Familienfirma aussteigt, zwei Jahre später in der Nürnberger Schanzäckerstraße seine eigene Bleistiftfabrik „Johann Faber" gründet und seine beiden Söhne Carl und Ernst Faber als Teilhaber einträgt. Die neue Firma, die 1879 mit zunächst 50 Arbeitern in die Produktion von Bleistiften einsteigt, wird zeitweise zur harten Konkurrenz für A.W. Faber. Der Bruderzwist wird sogar gerichtsmassig, denn Lothar von Faber warnt in mehreren Zeitungs-Veröffentlichungen davor, Bleistifte des Namens „Faber" zu kaufen, die nicht aus der Firma A.W. Faber stammen, ja er ging soweit, diese Stifte als Produkte eines „Pseudo-Fabers" zu schmähen und seinen Bruder „unsolider Konkurrenz" zu bezichtigen, was diesem natürlich nicht gefiel. Am 12. April 1889 kommt es zu einer ersten Verhandlung vor dem Oberlandesgericht zu Nürnberg, in der Johann Faber recht bekam, auch in der Revision im November 1889 beim Reichsgericht in Leipzig erleidet Lothar von Faber eine Niederlage: Der Bruder darf seine Produkte weiterhin unter dem Markennamen „Johann Faber" vertreiben.

1879

Henrik Ibsen schreibt sein Theaterspiel „Nora oder ein Puppenheim". Das Stück ist eine kritische Auseinandersetzung mit der Rolle der Frau und beeinflußt die öffentliche Diskussion maßgeblich.

Er hat damit auch großen Erfolg, und Lothar beschwert sich bitter über den ungehorsamen, und wie er meint völlig unfähigen Bruder Jean in seitenlangen Briefen an Eberhard:

„... Ich ließ Jean die Wasserleitung für seinen Garten herstellen, weder er noch seine Frau bedankte sich dafür. Ich ließ ihm die Dampfheizumg für sein Treibhaus herstellen, weder ihm noch seiner Frau fiel es ein, sich dafür zu bedanken. Ich ließ ihm die Gasbeleuchtung einrichten und all dies ohne Kosten für ihn, ohne auch nur ein Wort des Dankes von ihm oder seiner Frau zu empfangen. Ich nahm seinen Sohn Carl in mein Geschäft und lehrte ihn, aber nachdem ich ihm die Auslernung erteilt hatte, erhielt ich weder von Jean noch von seiner Frau ein Wort des Dankes. Es hatte sogar den Anschein, als ob man bedauerte, daß Carl bei mir in Lehre war, denn als während seiner Lehrzeit ein Commis namens Simmerlein austrat, fürchtete man, Carl könne nicht mehr ebensoviel profitiren ... nicht der Anerkennung, nicht des Dankes wegen schreibe ich dies nieder, sondern um zu characterisiren u. in dieser Beziehung habe ich auch zu sagen, daß oftmals Verletzungen nicht gegen mich, sondern gegen meine Frau vorgekommen sind, Verletzungen, die aber weil sie meiner Frau zugefügt wurden aus diesem Grunde und aus dem weiteren, daß sie Miteigenthümerin meines Gesammtgeschäftes ist, auch mich getroffen haben ... Jean hat die Procure von mir, die Unterschrift für mein Geschäft. Allein in meiner Abwesenheit kommt es vor, daß er etwas unterzeichnet und expediren läßt, was nicht hätte unterzeichnet u. expedirt werden dürfen, weil es dem Geschäfte zum Nachteil gereicht. Er unterschreibt auch Briefe in fremden Sprachen, französisch, italienisch, die er nicht versteht u. deutsche, die so wie sie geschrieben waren, nicht hätten unterzeichnet werden dürfen ..."

Auch Eberhard Faber gründete 1861 in Brooklyn seine eigene Fabrik, die erste Bleistiftfabrik in den USA, nachdem er bis dato die Filiale von A.W. Faber in New York geleitet hatte. Lothar von Faber reagierte darauf genauso ärgerlich und stritt der neuen Fabrik jegliche sittliche Berechtigung ab, denn einmal mehr erwuchs der Familienfirma hier ernst zu nehmende Konkurrenz. Eberhard bezog fertige Bleistifte aus Stein und verkaufte diese dann auf eigene Rechnung in New York. Am 17.

Mai 1864 schloß er allerdings einen Vertrag mit A.W. Faber. Die Steiner Fabrik lieferte ihm von da an fertige Minen, die er in den USA zu Bleistiften weiterverarbeiten und vertreiben ließ. Denn die Einfuhrzölle auf die fertigen Produkte wurden Eberhard Faber langsam zu teuer, zudem konnte er in den USA auf weitaus billigeres Zedernholz zugreifen. Lothar von Faber schreibt dazu:

„... es gieng mir ganz gegen mein natürliches Gefühl als es hieß, wegen des Eingangszolles solle man die ordinairen Bleistifte drüben machen. Mit großem Widerwillen bin ich darauf eingegangen, denn ich sagte mir im Voraus, daß es bei den ordinairen Stiften nicht bleiben würde und so kam es auch im Jahr 1867, wo alle Bleistifte mit Ausnahme der Polygrades Bleistifte hinzugekommen sind. Damit ist aber bereits ein Stück von der hiesigen Fabrik abgerissen und dies ist in meinen Augen eine unsittliche That, die nicht hätte begangen werden sollen, weil ihr keine Berechtigung zugrunde liegt. Es ist der erste Schritt zur Ablösung von der Steiner Fabrik, der das Haus in New York alles verdankt und kann und wird auch wahrscheinlich dahin führen, daß mit der Zeit das Haus in New York in die Reihe der J.H. Faber, G.W. Faber, G. F.Faber, A.M. Faber und wie alle diese Bleistiftmacher Faber heißen. Nach meiner Religion, nach meinem Glauben, nach meiner Ueberzeugung kann nichts gedeihen, was nicht auf sittlicher Grundlage ruht und sittliche Berechtigung hat und das Bleistiftfertigmachen in Deiner Fabrik hat in mehr als einer Beziehung keine Berechtigung und wurde nicht umsonst in den Blättern hier öffentlich angegriffen ..."

1890

Lothar von Faber war zutiefst davon überzeugt, alles für seine Brüder getan zu haben, „um meine ganze Familie zu heben, emporzuarbeiten, in jene gesellschaftliche Stellung zu bringen, in welcher man mehr als hinreichend mit Mitteln ausgestattet ist, um den Kindern die beste Erziehung, die beste Ausbildung angedeien zu lassen", wie er schreibt. Am Ende seines arbeitsreichen Lebens fühlt er sich nur noch hintergangen und ausgenutzt, weil sich die beiden aus der brüderlichen Dominanz befreien wollen. „Was habe ich von Dir und Jean als Zeichen der Aufmerksamkeit aufzuweisen?" klagt Lothar von Faber. „Nichts, nicht das Schwarze unter dem Nagel, wie man im gemeinen Leben zu sagen pflegt ... Tadel, Unzufriedenheit wurde mir zutheil und Klagen über mich bei meiner Frau, von Dir, Jean und auch von Line (Lothars Schwester), was das Allerschlimmste für mich war, weil die Ehe als Heiligthum betrachtet werden soll ..."

Der irische Autor Oscar Wilde schreibt seinen Roman „Dorian Gray". Die Geschichte des Mannes, der sich in sein Spiegelbild verliebt und nicht altern will, wird als dekadentes Werk kritisiert. Wilde muß später wegen seiner Homosexualität ins Gefängnis.

Sicher war „Lothars Dominanz und die damit verbundene Perspektivlosigkeit seiner Brüder der Hauptgrund für deren Ausscheiden aus der Firma", schreibt Roland Doreth. Lothar von Faber ließ aber auch keine Gelegenheit aus, seine kleinen Brüder daran zu erinnern, daß er und nur er allein der Familienfirma zu ihrem großen Aufschwung verholfen habe, daß keiner der beiden je dazu fähig gewesen wäre und daß es deshalb nur rechtens sei, wenn er die alleinige Führung innehätte. Auch seine ständigen „Aufmunterungen" dürften die Brüder als lästig empfunden haben, zudem waren sie wohl nicht bereit, so viel Zeit in die Firma zu investieren wie Lothar, der jeden Morgen um fünf Uhr aufstand und zehn bis 12 Stunden schuftete. Es kam zum Bruch, und den nahm sich Lothar von Faber sehr zu Herzen.

Nachfolger gesucht

Seit 1873 arbeitete Lothars Sohn Wilhelm von Faber, einziger männlicher Nachkomme, nachdem zwei weitere Söhne als Kinder verstorben waren, in der Firma mit. Er litt unter der überragenden Führer- und Vaterfigur, er tat sein Bestes, doch auch er konnte vor Vaters kritischem Auge kaum bestehen. Mit 25 heiratete Wilhelm seine amerikanische Cousine Bertha, Tochter Eberhard Fabers, die beiden bekamen fünf Kinder: Sophie Ottilie, geboren 1877, Johanna Albertine Sophie, geboren 1878, Wilhelm Eberhard Lothar, geboren 1880 und drei Jahre später an Scharlach gestorben, Johanna Hedwig, geboren 1882, und Alfred Wilhelm, geboren 1886 und vier Jahre später gestorben an Diphtherie. 1893 starb auch Wilhelm von Faber ganz überraschend an, wie man annimmt, Herzversagen, mit gerade 42 Jahren. Ein schwerer Schlag für Lothar von Faber. Wie sehr er seinen Sohn liebte, zeigt der Brief, den er einem Album voranstellte, das er Wilhelm zu dessen Verlobung schenkte:

„Mein lieber Sohn Wilhelm!
Zur steten Erinnerung an den wichtigen Lebensabschnitt Deiner Vermählung und des Antrittes Deiner

selbstständigen Thätigkeit für das Gesamtgeschäft der Firma A.W. Faber widme ich Dir dieses Album. Es enthält nicht nur die Namen sondern auch die Photographien aller derjenigen Personen, welche im gegenwärtigen Jahre 1877 für das Gesamtgeschäft thätig sind …"

Das Schreiben, in dem der Vater wieder einmal seine, in seinen Augen einzig richtigen und für alle erstrebenswerten Richtlinien innerhalb seiner Arbeit für die Fabrik („Recht, Sittlichkeit und Fleiß, war meine Devise") hervorhebt, endet mit den Worten:

„Unser Leben steht in Gottes Hand. Möge es Dir, als Nachfolger des Gesamtgeschäftes der Firma A.W. Faber, von der Vorsehung Gottes beschieden sein, eine lange Reihe von Jahren das Werk zum Segen der Familie und Aller, die daran mitarbeiten, fortzuführen und zu fördern. Das walte Gott!

Dein Dich liebender treuer Vater
Lothar von Faber"

Sein Wunsch wurde nicht erhört – und Lothar von Faber, dessen Gesundheit schon längere Zeit angegriffen war, weshalb er des öfteren zur Kur in Carlsbad weilte, zog sich verbittert mehr und mehr aus dem öffentlichen Leben zurück. Daß er keinen männlichen Erben hatte, belastete ihn schwer, genauso das Zerwürfnis mit den Brüdern.

Am 26. Juli 1896 starb Freiherr Lothar von Faber im Familienschloß zu Stein. Wer würde an seine Stelle tre-

Freiherr Wilhelm von Faber

ten und sein Lebenswerk, die florierende Firma A.W. Faber übernehmen?

Nicht nur die Familie, sondern auch alle Angestellten und Arbeiter der Firma trauerten um Lothar von Faber, fast ein Volkstrauertag in Stein, den die Gemeindechronik so beschreibt:

„Vom Faberschen Schloß her weht die auf Halbmast gezogene Trauerflagge. Die Leiche ist in Reichsratsuniform im Gartensaal des Schloßes zwischen Pflanzengruppen aufgebahrt. Nachdem Pfarrer Eisen die Aussegnung vorgenommen hat, setzt sich der Trauerzug in Bewegung, in dem man neben der Witwe, der Schwiegertochter und den drei Enkelinnen den Bruder des Verstorbenen, Johann Faber, bemerkt, ferner den Regierungspräsidenten Ritter von Zenetti, Generalleutnant Ritter von Haag als Vertreter des Prinzregenten, Generalmajor Dotzauer, Vertreter des Offizierskasinos, den Oberbürgermeister von Nürnberg Dr. von Schuh und Bürgermeister Täubler, Bürgermeister Rindfleisch von Stein, Justizrat Hilpert von Nürnberg, Kommerzienrat Gonnermann – Vorstand des Gemeindekollegiums der Stadt Nürnberg, den kgl. Bezirksamtmann Regierungsrat Gareis, Direktor Theodor von Kramer vom Bayerischen Gewerbemuseum, des Aufsichtsrates der Nürnberger Vereinsbank und des Aufsichtsrates der Nürnberger Lebensversicherungsbank, beinahe die ganze Einwohnerschaft von Stein, die Arbeiter und Arbeiterinnen. In den Straßen durch welche sich der Konduct bewegt, brennen die schwarz umflorten Straßenlaternen. Auf dem Sarg, der nun in der Kirche

Die Faber(-Castell)-Familiengruft auf dem Steiner Friedhof hinter der Patronatskirche

niedergesetzt wird, liegen Schiffhut und Degen. Die ungemein große Teilnahme an der Beerdigung zeigt, daß es ein großer Mann war, welcher zur letzten Ruhestätte geleitet werden soll. Lothar Faber – ein großer Mann, groß in seinen Taten, in seinem Denken und in seinem Wirken, groß aber auch in seinen Erfolgen – ist hochbetagt nach einem reich erfüllten Leben am 26. Juli 1896 verstorben. Am 29. Juli wird er feierlich in der Familiengruft zur letzten Ruhe gebettet."

In der Trauerrede heißt es: „Die tausende von Gebeten, die seit Monaten zu des Himmels Thron emporstiegen um Wiedergenesung des teuren Mannes, der in diesem Sarg schlummert, die unzähligen heißen Thränen, die um seinen Heimgang geweint werden, die allgemeine und ungeheuchelte Teilnahme bei dieser Beerdigungsfeier legen Zeugnis davon ab, daß es ein seltener, ein außergewöhnlicher Mann gewesen sein muß, den wir nun zu Grabe geleiten. Nur wenigen Sterblichen ist es vergönnt, sich in der Welt einen großen Namen zu erwerben. Ihm ist es gelungen, er ist ein großer Mann gewesen."

Auch was Lothar von Fabers Testament betrifft, das am 3. September 1896 durch Justizrat Hilpert eröffnet und vollstreckt wird, macht die Gemeindechronik in Stein Angaben. Es zeigt sich, daß Faber post mortem noch Gutes tut und zahlreiche Institutionen und Personen reich bedacht hat:

1. Lothar von Faber vermacht der Gemeinde Stein 50.000 Mark unter folgender Bedingung:
a) Die Summe ist in guten deutschen Staatspapieren

J. Haus in Nürnberg.

In der Steuergemeinde Nürnberg, kgl. Amtsgerichts und kgl. Rentamts Nürnberg: Pl.-Nr 3288 Vorderhaus, Nebengebäude mit Böden, Hinterhaus und Hofraum, Hs.-Nr. 280 L., Gebäude 0,014 ha.

K.

"Eine Million Mark baar als Fond eines Wittthums und resp. lebenslänglichen jährlichen Unterhaltungsbeitrages für die Wittwen der Fideikommißbesitzer und resp. für die nachgeborenen Söhne und Töchter des Fideikommißbesitzers."

§ 2.
Lasten des Fideikommisses.

1. Die Haftung einer jährlichen Besoldungsholzabgabe von dreiviertel Klafter nach Nürnberger Maaß an die kgl. Pfarrei in Schwarzenbach a/W. und an das Cantorat daselbst auf dem in der Steuergemeinde Lippertsgrün, Bezirksamts und Amtsgerichts Naila, Rentamts Lichtenberg gelegenen Plannummern 399 und 400, das obere Holz, Wald, Seilergut genannt und das Zigeunerholz.

2. Die Anordnung des Fideikommißkonstituenten, daß der von ihm zum Fideikommiß als besondere Disposition bestimmte, von ihm baar einzuwerfende Fond von Einer Million Mark, aus welchem, beziehungsweise aus dessen Erhöhung den Wittwen der Fideikommißbesitzer auf die Dauer ihres Wittwenstandes bis zur allenfallsigen Wiederverehelichung sowie den nachgeborenen Söhnen und Töchtern des Fideikommißbesitzers auf Lebenszeit jährliche Unterhaltsbeiträge zu gewähren sind, durch von dem jedesmaligen Fideikommißbesitzer zu leistende jährliche Zuschüsse von sechzigtausend Mark bis zur Summe von fünf Millionen Mark erhöht werde, zur schnelleren Erreichung welchen Zwecks jedoch die Wittwe des Fideikommißkonstituenten und die des ersten demselben

   hfolgenden Fideikommißbesitzers sowie die Kinder des letzteren keinen Anspruch auf die vorgenannten jährlichen Unterhaltungsbeiträge haben, vielmehr die desfalls aus dem Fond anfallenden Zinsen zu admassiren sind.

3. Die dem jeweiligen Fideikommißbesitzer obliegende Pflicht der baulichen Unterhaltung des den Fideikommißbesitzerswittwen auf die Dauer ihres Wittwenstandes als unentgeltlicher

Der Fideikommiss 1889

anzulegen und gesondert zu verwalten.
b) Von den anfallenden Zinsen ist alljährlich der dritte Teil so lange zu admassieren, bis das Kapital die Höhe von 300.000 Mark erreicht hat. Die übrigen zwei Drittel der Zinsen dürfen zu gemeindlichen Zwecken verwendet werden.

c) Hat das Kapital die Höhe von 300.000 Mark erreicht, dann können sämtliche Zinsen zu gemeindlichen Zwecken verwendet werden.

2. Ferner werden der Armenkasse in Stein 5.000 Mark ausgezahlt, wovon die Zinsen alljährlich verwendet werden sollen.

3. Weiterhin erhalten verschiedene Vereine wie Gesangsverein, Liederkranz, Kampfgenossenverein und Stahlbogen-Schützengesellschaft je ein Legat von 500 Mark.

4. Die Kirchengemeinde wird mit einem Kapital von 80.000 Mark bedacht, die Zinsen sind teils zur Besserstellung des jeweiligen Pfarrers, Kantors und Meßners, teils zur Erhaltung und Verschönerung des Gotteshauses bestimmt.

5. Ferner erhalten alle Angestellten und Vertreter des Hauses A.W. Faber sowie sämtliche Arbeiter je nach Dauer ihrer Tätigkeit größere und kleinere Beträge ausgehändigt.

Es wird angenommen, daß Lothar von Faber in Ermangelung eines männlichen Erben seine Enkelin Ottilie zur Nachfolgerin und Universalerbin des Faberschen Vermögens bestimmte, allerdings gibt es dafür keinen schriftlichen Beleg. Es ist uns auch nicht überliefert, was er sich dabei gedacht hat und wie schwer es ihm fiel, den „Generationenvertrag" auf diese ungewöhnliche Weise fortzuführen, aber wir können annehmen, daß er, der Patriarch, für den Frauen eher ins Haus als an die Spitze einer florierenden Firma gehörten, diesen Schritt nur zögerlich und mit großer Skepsis ausführte. Hatte Lothar von Faber doch 1869 noch geschrieben:

„… es ist der Frauen Bestimmung nicht vor Gott und Natur, derartige Geschäfte selbständig zu betreiben, die Frauen gehören hauptsächlich dem Hause, der Familie, der Wirtschaft und überhaupt allen jenen Hantierungen an, die weiblichen Art sind …"

Doch es gab keinen anderen, der ihm garantiert hätte, den Namen Faber, das Markenzeichen, weiter zu erhalten. Angeblich hat der Großvater Ottilie noch auf dem Krankenbett das Versprechen abgenommen, ihren Namen mit einem gutklingenden aus dem höchsten Adel zu verbinden, jedoch niemals den guten alten Familiennamen abzulegen.

Das ergab sich auch aus Lothar von Fabers „Familienfideikommiß". Dort wurde am 6. Juni 1889 unter anderem folgendes festgelegt:
„Mit dem Ableben des Constituenten als Inhaber des Fideikommisses vererbt sich die Nachfolge in daselbe nach den Grundsätzen der siebenten Beilage zur bayerischen Verfassungsurkunde in dessen ehelicher männlicher Descendenz und ist daher die Erbfolgeordnung die agnatisch-linealische mit dem Vorzuge der Erstgeburt, so daß immer der erstgeborene Sohn der älteren Linie mit seiner Descendenz vor allen anderen Linien zur Succession gelangt. Erlischt der Mannesstamm des Konstituenten, so geht die Fideikommissnachfolge an dessen weibliche Descendenz über, jedoch mit fortdauerndem fideikommissarischen Verbande … Sobald aber die Fideikommisser-

1896

In Athen finden die ersten Olympischen Spiele der Neuzeit statt. Sie sollen die Jugend der Welt zum edlen Wettstreit zusammenführen nach dem Motto „Siegen ist Nichts, dabei sein ist Alles".

werberin männliche Descendenten erhält, tritt der Vorzug des Mannesstammes wieder ein und der, wenn auch jüngere Sohn, schließt die Tochter und deren Descendenz aus ... Auch wenn in der Folgezeit wegen Erlöschen des Mannesstammes die Fideikommissnachfolge wiederholt an die weibliche Descendenz gelangt, so geschieht dies unter gleicher Fortdauer des fideikommissarischen Verbandes. Die Gatten der Fideikommisserwerberinnen, welche im Besitz des erblichen Adels sich befinden müssen, haben behufs Forterhaltung des Namens „Faber" um die Allerhöchste Genehmigung nachzusuchen, daß sie und ihre Nachkommen den Namen „Faber" ihrem Familiennamen vorsetzen dürfen."

Aus der Familie Faber
wird Faber-Castell

Nach dem Tod Lothar von Fabers wird zunächst dessen Witwe, Frau Reichsrat Freifrau Ottilie von Faber, offizielle Nachfolgerin. Am 1. März 1897 beruft sie die leitenden Beamten des Werkes in Stein sowie der Dependancen in Paris, London und New York zu einer Konferenz, auf der sie die anwesenden Direktoren mit der Leitung der Geschäfte betraut:
„... nächst Gott haben die letztwilligen Verfügungen meines Mannes Sie bestimmt, das auf mich übergegangene Erbe helfen zu erhalten, mit Ihrer Manneskraft und Ihren Erfahrungen einzustehen: nicht für meine Person, nicht für meine Angehörigen, sondern insbesondere für alle diejenigen, deren Existenz davon abhängt ..."

Danach gab Justizrat Hilpert, langjähriger Syndikus der Firma A.W. Faber, die Grundzüge des im November 1896 aufgestellten Programmes zur Führung des

1898

Gesamtgeschäftes bekannt: „An den alterprobten Prinzipien der Geschäfte, beruhend auf dem Wahlspruch des letzt-verstorbenen unvergeßlichen Chefs: ‚Wahrheit, Sittlichkeit, Fleiß' ist unverbrüchlich festzuhalten ..."

Weiterhin fühlte sich die Firmenleitung auch verpflichtet, „bei allen Einrichtungen in den Fabriken und Geschäften ... stets dem sittlichen & materiellen Wohl aller Angestellten, Bediensteten und Arbeiter volle Rechnung zu tragen".

Der spanisch-amerikanische Krieg beginnt und endet zwei Jahre später mit dem Sieg der Vereinigten Staaten von Amerika. Damit treten die USA in den Kreis der Weltmächte ein. Sie werden in erster Linie das heraufkommende 20. Jahrhundert bestimmen.

Mit der neuen Leitung durch ein Direktoren-Gremium ging die fast sechs Jahrzehnte währende Ära der Alleinherrschaft des Fabrikherrn zu Ende, die Zahl der Fabrikbeamten stieg in der Folgezeit rapide an, denn nun wurde in dem weitverzweigten Unternehmen ein weitaus größerer Verwaltungs- und Kommunikationsapparat benötigt. Die Verteilung von Funktionen und Anordnungsbedürfnissen, die Informationswege und Hierarchien waren nach dem Vorbild der bürokratischen Organisation der öffentlichen Verwaltung ausgearbeitet und schriftlich fixiert.

Am 28. Februar 1898 heiratete Freiin Ottilie von Faber, Enkelin Lothar von Fabers und Tochter Wilhelm von Fabers, den Grafen Alexander zu Castell-Rüdenhausen, der einem uralten fränkischen Adelsgeschlecht entstammte, das nachweislich bis ins 11. Jahrhundert zurückgeht. Der neue Familienname wurde bereits vor

Medaille mit Ottilie und Alexander Gräfin und Graf von Faber-Castell

der Hochzeit, am 2. Februar 1898, von Prinzregent Luitpold in München genehmigt: Graf und Gräfin von Faber-Castell. Das Gesuch zur Verbindung beider Familiennamen hatte Alexanders Vater, Graf Wolfgang zu Castell-Rüdenhausen, ab 1901 Fürst zu Castell-Rüdenhausen, getreu den Anordnungen des Fideikommisses persönlich an den Prinzregenten gerichtet.

Für einige Familienmitglieder derer zu Castell-Rüdenhausen war die Verbindung mit dem sehr jungen Adel der Fabers eine ausgesprochene Mesalliance, doch für Alexander, der für eine Berufsoffizierskarriere vorgesehen war und nichts zu erben hatte, war sie von großem

Vorteil. Lothar von Fabers Witwe Ottilie, die nach dem Tod ihres Mannes die Firmenleitung dem Direktoren-Gremium übergeben hatte, nahm ihn 1900 als Teilhaber in die Firma auf, nach ihrem Tod im Jahr 1903 ging das Imperium ganz auf ihn und seine Frau über, wobei sich die junge Ottilie wohl nie wirklich als Firmenchefin gefühlt hatte und alles willig ihrem Mann überließ, Firmenleitung wie Verwaltung des beträchtlichen Vermögens. Alexander bewies allerdings auch eine glückliche Hand als Bleistiftfabrikant: 1905 entwickelte er den grünen „A.W. Faber-Castell 9000", der bis heute als einer der besten Bleistifte überhaupt gilt. Der Markenname der Firma blieb übrigens bis 1929 der alte, erst am 1. Januar 1929 wurde er im Rahmen der Umwandlung in eine Aktiengesellschaft in „A.W. Faber Castell Bleistiftfabrik AG" geändert.

Vier Kinder wurden dem jungen Paar in kurzen Abständen geboren: Elisabeth, 1899, Maria Gabriella, 1900, Wolfgang Lothar, 1902, der mit neun Monaten starb, und Irmgard Luise, 1904. 1905 kam endlich der männliche Erbe, Roland, zur Welt, seine Erziehung war streng und verlief ganz in der Tradition des Adelshauses Castell-Rüdenhausen: Kadettenanstalt, Reichswehr, Studium der Forst- und Landwirtschaft.

Die schöne Ottilie hatte in weniger als sechs Jahren fünf Kinder geboren, eingeschlossen eines männlichen Erben, sie sah damit ihre Pflicht wohl als erfüllt an und zog sich mehr und mehr in Haushaltsführung und Kindererziehung zurück. 1903 hatte ihr Mann bereits mit dem Bau des neuen Schloßes, als angemessener Wohnsitz für die nun hochadelige Familie, begonnen, auch hier engagierte sich Ottilie von Faber-Castell nach Kräften. Doch das war ihr nicht genug: 1918 läßt sie sich von Graf Alexander von Faber-Castell scheiden, sie verzichtet auf alle Güter, die sie mit in die Ehe brachte und sogar auf die Kinder, die beim Vater eine, wie sie meint, angemessenere Erziehung genießen können, um mit ihrem Jugendfreund Philipp von Brand zu leben. Eine große Liebes- und Leidensgeschichte, der die Münchner Schriftstellerin Asta Scheib den Roman *Eine Zierde in ihrem Hause* gewidmet hat.

Das Lebenswerk Lothar von Fabers liegt jetzt in der Hand der Grafen von Faber-Castell, die die Familienfirma mit ungebrochenem Erfolg ins neue Jahrtausend führen.

Die Unternehmens-Erben bis in die Gegenwart

Graf Alexander zu Castell-Rüdenhausen, vorbestimmt für eine Karriere als Rittmeister à la suite der Bayerischen Armee, war auf sein neues Amt als Bleistiftfabrikant nicht vorbereitet. Dennoch erfüllte er es erstaunlich gut. Die fehlenden gewerblich-technischen Vorkenntnisse bewirkten eine schärfere Trennung zwischen der Unternehmerfunktion Alexanders und der Managerfunktion seiner Direktoren, die der Firma nur zugute kommen konnte. Der Graf kümmerte sich verstärkt um die Zielsetzung der Firma, Mobilisierung und Kombination der Produktionsfaktoren, während die Direktoren – so Hans-Christian Täubrich in seiner *Geschichte des Unternehmens Faber-Castell* – die Tätigkeiten übernahmen, die sich auf die Vorkehrungen und die Organisation zur Durchführung von des Grafen Unternehmerentscheidungen bezogen. So ist überliefert, daß sich Graf Alexander anders als sein Vorgänger Lothar von Faber nur sehr selten in der Fabrik blicken ließ und

Alexander Graf von Faber-Castell

seine Führungskräfte zu den Besprechungen ins Arbeitszimmer seines Schloßes bat. Und seinem Sohn Roland, den er zum Nachfolger bestimmt, gab er den Rat, sich weitmöglichst von der Verwaltungsarbeit zu entlasten, denn dafür wären die Direktoren da.

Zwei große Ereignisse fallen in die Zeit der Geschäftsleitung Graf Alexanders: der erneute, umfangreiche Ausbau der Fabrikanlagen und, wie bereits erwähnt, die Einführung des neuen grünen Marken-Bleistifts mit

Namen „A.W. Faber-Castell 9000". Die Stempelung mit den beiden Symbolen Waage, was auf kaufmännische Redlichkeit hinweisen sollte, und Schloß für den alten Adel, sollte „Spitzenklasse" signalisieren und helfen, den neuen gräflichen Namen möglichst schnell weltweit zu etablieren. Graf Alexander hoffte aber auch, „in dem Worte CASTELL einen kräftigen-gesetzlichen Schutz gegen die Konkurrenten gefunden zu haben, speziell gegen die ähnlich lautende Nürnberger Fabrik (gemeint ist die von Johann Faber gegründete Konkurrenzfirma), die ... bei jeder sich bietenden Gelegenheit mit raffiniertem Eifer bemüht ist, den A.W. Faberschen Bleistiften zu schaden."

Daß sich das neue Markenprodukt so schnell und durchschlagend durchsetzen würde, hätte keiner geglaubt. In kürzester Zeit wurde „Der Grüne" von Faber-Castell zum absatzstärksten Produkt des gesamten Angebotes, und das ist er noch heute. Die Stifte wurden unter strengsten Qualitätsmaßstäben ausschließlich im Stammhaus in Stein gefertigt, billigere Stifte kamen dagegen aus den Zweigwerken in Niedriglohnländern.

Die Erweiterung der Fabrik durch Graf Alexander erfolgte in zwei Phasen: 1911, zum 150. Firmenjubiläum, wurde eine zweiflügelige, im rechten Winkel erbaute neue Anlage in Betrieb genommen, die den Gesamtkomplex im Norden gegen das 1906 fertig gestellte neue Schloß von Alexander und Ottilie abgrenzte. Die

1912

Die als unsinkbar geltende „Titanic" rammt auf ihrer Jungfernfahrt von Southampton nach New York einen Eisberg und sinkt innerhalb von drei Stunden. 1517 Menschen verlieren ihr Leben.

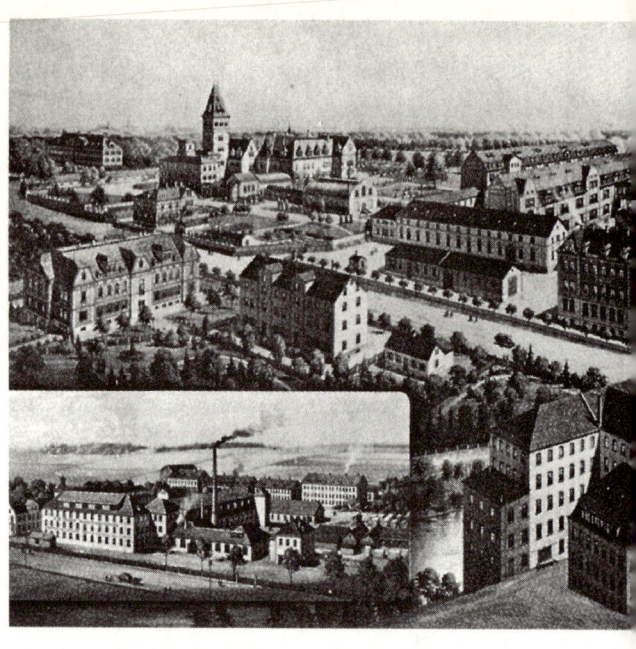

Ansichten der Fabrik, die den Bauzustand um 1911 dokumentieren. Im Vordergrund Bleimühle an der Rednitz, darüber das Verwaltungsgebäude und der Wasserturm

zweite Erweiterung wurde 1925/26 ausgeführt, eine langgestreckte, u-förmige Fabrikanlage mit drei Stockwerken, die parallel zur Rednitz angelegt wurde. Im Innenhof stand die zentrale Kraftanlage mit dem Spänesilo, aus dem die Spanabfälle der Bleistiftfertigung in die Kesselfeuerung für die 725 PS starke Dampfmaschine gespeist wurden. Unter Alexander wurde die Bleistiftherstellung durchgängig mechanisiert, das heißt, für jeden Schritt gab es damals schon Maschinen, während die Automatisierung der Herstellung erst nach dem Zweiten Weltkrieg realisiert werden konnte.

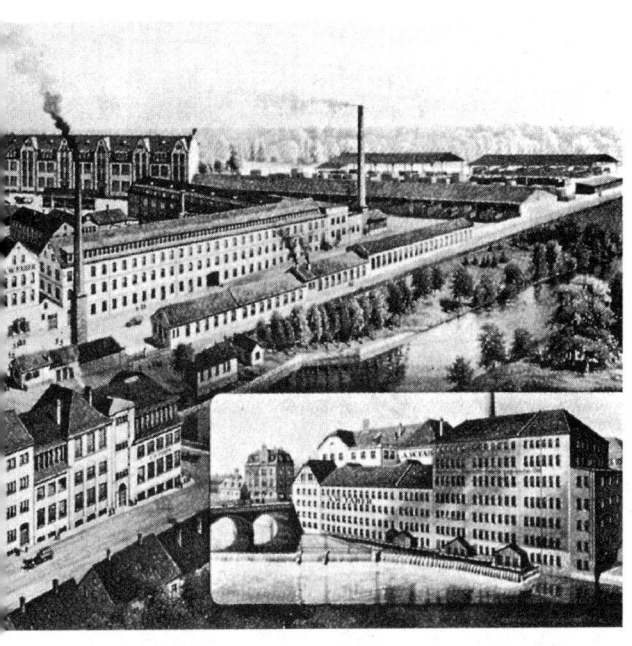

Heute erfolgt die Fabrikation der Bleistiftrohlinge in einer sogenannten Bleistift-Straße, das heißt alle Schritte vom Einlegen der Brettchen über Fräsen der Nuten, Einpassen der Minen und Aufleimen des zweiten Holzdeckels bis zum Zersägen in Einzelbleistifte laufen in einer Maschinenfolge automatisch ab. Die technisch am schwierigsten zu lösende Aufgabe war dabei der Arbeitsgang des Zusammenleimens gewesen, weil die Stifte fast einen ganzen Tag hatten trocknen müssen, bevor sie weiterverarbeitet werden konnten.

Augenfälliges Symbol des ganz neuen altadelig-gräflichen Faber-Castellschen Lebensstils wurde der herrschaftliche Wohnsitz, das neue Schloß, das Alexander in den Jahren 1903 bis 1906 angrenzend an das alte

Schloß erbauen ließ. Mit dem mächtigen Glockenturm wurde es bald zum Wahrzeichen Steins und ließ keinen Zweifel an der Bedeutung der mächtigsten Familie der Stadt. In den unterschiedlichsten Stilen von Neo-Gotik, Neo-Renaissance, Barock und „Louis-Seize", Klassizismus und besonders Jugendstil – unter anderen von dem damals berühmten Jugendstil-Architekten Bruno Paul – prunkvoll ausgestattet, zieht das Schloß in Stein noch heute eine Vielzahl von Besuchern an.

Der Erste Weltkrieg brachte Graf Alexander nach einer Zeit des Aufschwungs, wie fast allen deutschen Fir-

Schloß Faber-Castell, das Graf Alexander direkt gegenüber dem Werksgelände erbauen ließ

men, herbe Rückschläge: Er verlor die Produktions- und Vertriebsstandorte in den USA, die erst nach dem Zweiten Weltkrieg zum Teil zurückgewonnen werden konnten.

1928 starb Graf Alexander von Faber-Castell. Im selben Jahr wurde die Firma „A.W. Faber-Castell" in eine Familien-Aktiengesellschaft umgewandelt, der älteste Sohn Roland übernahm im Alter von 23 Jahren die Leitung.

Ein großer Schritt zur wirtschaftlichen Stabilisierung bedeutete der 1931 geschlossene Kooperationsvertrag zwischen Faber-Castell und der Johann Faber A.G. Nürnberg „zum Zwecke rationeller Ausnützung ihrer Betriebe, wirtschaftlicher Organisation ihrer Verkaufsapparate und einheitlicher Leitung aller ihrer Unternehmungen", wie das *Berliner Tagblatt* am 23. Mai 1931 vermeldete. Da die Johann Faber AG 80 Prozent ihrer Produkte ins Ausland exportiert hatte, stellte die Fusion beider Firmen eine enorme Stärkung des gesamten Exports dar. Besonders der brasilianische Markt war über Lapis Johann Faber Limitada in Sao Carlos fest in Jean Fabers Hand, 1937 erwarb Faber-Castell eine Beteiligung, und 1967 die Mehrheit an diesem Unternehmen, das im Zweiten Weltkrieg enteignet wurde und heute mit rund 2400 Mitarbeitern die größte Blei- und Buntstiftfabrik der Welt ist. „Diese Weichenstellung in den dreißiger Jahren", schreibt Jürgen Franzke in *Der Bleistift – Geschichte eines Gebrauchsgegenstandes,* „aber noch mehr der Wiedererwerb der Majorität durch Graf Roland schafft besonders heute dem Unternehmen ein unschätzbares Plus auf dem Weltmarkt."

1935 kaufte Faber-Castell eine Füllfederhalterfabrik in Dossenheim bei Heidelberg, wodurch wieder neue Produkte Eingang in die Firma fanden, doch Ende der 30er Jahre gingen Produktion und vor allem Export stark zurück. In einem Firmen-Rundbrief vom 31.12.1938 heißt es: „Das Jahr 1938 … hat uns in vielen Ländern neue Schwierigkeiten gebracht, die den Verkauf ungünstig beeinflußt haben … Das Jahr 1939 stellt uns vor neue, wahrscheinlich noch schwierigere Aufgaben. Wir werden noch mehr als bisher um jeden Kunden und jeden Auftrag kämpfen müssen …"

Mit dem Nationalsozialismus begann für Roland Graf von Faber-Castell eine schwierige Zeit. Er weigerte sich, in die Partei einzutreten, als Folge wurde an die Spitze der als Aktiengesellschaft geführten Firma ein von der NSDAP bestimmter Geschäftsführer gesetzt. Roland wurde als Offizier der Wehrmacht zum Krieg eingezogen, er hatte keinerlei Einfluß mehr auf sein Unternehmen. Auch viele seiner Vertreter wurden eingezogen, so daß die Firma nicht nur an den zunehmenden Einschränkungen in der Produktion, sondern auch dem steigenden Personalmangel sehr zu leiden hatte. Nach dem Ausbruch des Zweiten Weltkrieges gingen einige Auslandsstützpunkte der Firma verloren und das Exportgeschäft stagnierte. Die Bleistift-Produktion wurde unter Verwendung von einheimischen Hölzern zwar weitergeführt, aber verringerte sich ständig: Trotzdem lag der Ausstoß 1943 immerhin noch bei 15 Millionen Stiften im Monat.

1935

Die nationalsozialistische Regierung in Deutschland verkündet die Nürnberger Rassengesetze. Sie sind Grundlage für ein gesetzlich sanktioniertes Vorgehen gegen die Juden im Land, das in der Massenvernichtung endet.

Während in Nürnberg Industrie- und Wohngebiete bombardiert wurden, blieb Stein weitgehend verschont, nur eine Brandbombe fiel im März 1943 auf die Fabrik, der Brand konnte allerdings gelöscht werden. Insgesamt sind 242 Mitarbeiter im Krieg gefallen.

Roland Graf von Faber-Castell

Dank der Ehefrau Rolands, Nina Gräfin von Faber-Castell, gelang es noch während des Krieges, die Firma Faber-Castell in eine Einzelfirma zurückzuverwandeln. So konnte Graf Roland schon Anfang 1942 nach außen hin wieder stärker in Erscheinung treten. Er fuhr im März 1943 nach Berlin, um wegen der Benachteiligung von Castell-Stiften zu verhandeln. 1944 wurde er in einer Verlautbarung schon wieder als „Betriebsführer" bezeichnet. Gegen Kriegsende mußten immer mehr Notlösungen gefunden werden. So erlernte Graf Roland den Umgang mit holzgasbetriebenen Kraftfahrzeugen, den entsprechenden Führerschein machte er 1946, nachdem er von den Alliierten als politisch unbelastet erklärt worden war.

Wenige Tage vor Kriegsende wurde die Produktion in Stein wegen des Kohlemangels ganz eingestellt, in Geroldsgrün hatte man bereits einige Zeit zuvor mit der Herstellung von Holzprothesen begonnen, kurz vor Kriegsende wurden dort Fertigwaren aus Stein und Dossenheim versteckt. Bereits am 1. Mai 1945 wurde der Firma A.W. Faber durch die (vorläufige) Industrie-

und Handelskammer die Erlaubnis erteilt, die Produktion wieder aufzunehmen. Da nun lebenswichtigere Güter als Bleistifte vonnöten waren, begann man medizinische Instrumente wie Pinzetten oder Zangen herzustellen, die unter dem Markennamen „Castalia" verkauft wurden. Die Erfahrungen, die dabei gesammelt wurden, führten zu der späteren Herstellung von Metallstiften wie dem „TK", einem mechanischen Druckstift.

Schon Ende 1946 konnte die Herstellung von Schreibgeräten wieder in vollem Umfang beginnen, es begann erneut eine glückliche Periode des Wachstums, auch die Firma Faber-Castell profitierte vom sogenannten

Lothar von Fabers Sohn Wilhelm bei einem Besuch der A.W. Faber-Fabrik in Newark. Als feindliches Wirtschaftsgut wurde sie 1918 von der amerikanischen Regierung beschlagnahmt

„deutschen Wirtschaftswunder" und expandierte kräftig. Die Nachkriegszeit stand unter den Zeichen von Wiederherstellung der wirtschaftlichen Beziehungen zum Ausland und Einführung neuer, moderner Produkte: 1952 begann Faber-Castell als erstes deutsches Unternehmen mit der Fertigung von Kugelschreibern, 1954 wurde eine neue Fabrik in Irland gegründet, 1965 eine weitere in Peru, Mehrheiten und Beteiligungen wurden in Brasilien und Argentinien erworben, Vertriebsgesellschaften in Italien, Österreich, Frankreich, England, Japan, Australien und Südafrika eingerichtet.

In den 60er Jahren, noch unter der Leitung von Graf Roland, wurde die Lage des Unternehmens vorübergehend wieder etwas schwieriger, denn es hatte sich ein zu weit gefächertes Warenangebot mit zu vielen Produktionsstätten entwickelt, zudem hatte man sich bei der Produktion von elektronischen Taschenrechnern verkalkuliert. Der rapide Preisverfall auf diesem Gebiet machte der Firma Faber-Castell schwer zu schaffen, außerdem zeigten sich nun die Folgen von Schwächen bei der Vermarktung sowie das Fehlen einer längerfristigen Unternehmensstrategie.

Fast fünfzig Jahre war Graf Roland an der Spitze des Unternehmens gestanden, als er, 73jährig, noch selbst an die nachfolgende Generation übergab. Er wandelte das Einzelunternehmen in eine Kommanditgesellschaft um, deren Anteile von der gräflichen Familie gehalten wurden. Die Nachfolge war ungewiß, bis sein Sohn Graf Anton Wolfgang von Faber-Castell, geboren am 7. Juni 1941 in Bamberg, die Gesellschafts- und Erbverträge unterzeichnete. Er trat 1977 aktiv in die Geschäftsführung ein und wurde 1978 nach dem Tod des Vaters alleiniger geschäftsführender Gesellschafter. Graf Anton Wolfgang, durch Jura-Studium und Managerausbildung sowie Banklehren in London und New York bestens auf seine Aufgabe vorbereitet, begann damit, das Sortiment zu reduzieren: Unrentable Produktionsorte wie Konstanz oder die Dossenheimer Füllfederhalterfabrik wurden aufgegeben, 1986 entstand mit Kapital aus dem gräflichen Vermögen im Zweigwerk Geroldsgrün eine moderne Spritzgußfertigung als Ersatz für die aufgegebene Rechenstabproduktion. Das Sortiment wurde gestrafft und mit dem Aufbau neuer Produktbereiche wie der Kosmetik oder auch der beständigen Internationalisierung ein neuer, erfolgreicher Kurs für die Firma A.W. Faber ins neue Jahrtausend eingeschlagen. Neben der Aufnahme moderner Tintenschreib- und Markiergeräte war für Graf Anton Wolfgang die Rückbesinnung auf die Unternehmensphilosophie Lothar von Fabers wichtig. Er hat diesen Leitgedanken 1986 so formuliert:

1986

Die beiden Weltmächte werden von technischen Katastrophen erschüttert. Im sowjetischen Tschernobyl tritt der atomare Supergau ein, in den USA wird Präsident Reagan Zeuge, wie die Raumfähre Challenger nach dem Start explodiert.

„Der größte Teil der neuen Unternehmensphilosophie liegt schlicht in der Rückbesinnung. Das, was Lothar von Faber vor fast 150 Jahren getan hat, ist auch heute noch vorbildlich. Qualitätsprodukte in entsprechend hochwertiger Aufmachung gezielt in den wichtigsten Weltmärkten abzusetzen … Das Bestechende an seiner Unternehmensstrategie lag in der schlichten Aussage, für seine Produkte der Beste der Welt sein zu wollen und dies auch durchzusetzen ... Obwohl die Zeiten heutzutage schwieriger voraussehbar sind, sind sie gleichzeitig unternehmerischer geworden. Kreativität und Intuition sind Worte, die heute mehr gebraucht werden als in den sechziger oder siebziger Jahren, in denen die „Technokraten" dominierten. Diese werden heute unsicher, weil sie plötzlich feststellen, daß man nicht einfach Wachstum hochrechnen kann. Der Mut, anders zu denken, ist heute ebenso wichtig, wie zu Lothars Zeiten: Er hat ja nicht Nürnberger Tand gemacht, sondern den Mut gehabt, völlig Neues, Hochwertiges und Beständiges zu beginnen."

oben: Bleistift-Dutzend-Banderole für den arabischen Markt, über England in die Kolonialgebiete verkauft. Hier der A.W. Faber „The Nile"-Pencil um 1900

unten: Bleistift-Dutzend-Banderole für d.chines. Markt, üb. Engl. in die Kolonialgebiete verkauft. Hier der A.W. Faber „Aristocratic"-Pencil um 1900

oben: Anzeige für Bleistift-Dutzend-Banderole für den arabischen Markt, über England in die Kolonialgebiete verkauft. Hier der A.W. Faber „Caravan"-Pencil um 1900

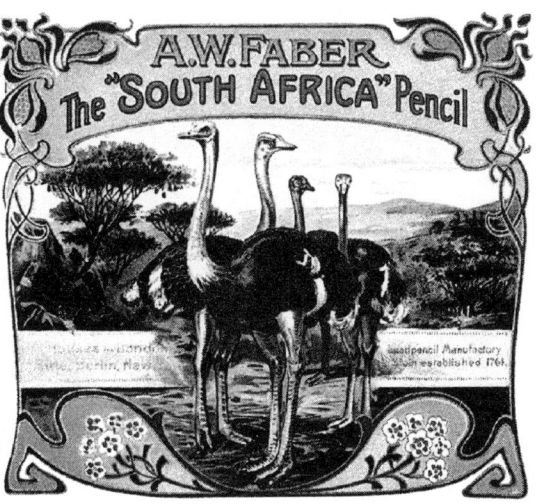

unten: Bleistift-Dutzend-Banderole für Südafrika, über England in die Kolonialgebiete verkauft. Hier der A.W. Faber „South Africa"-Pencil um 1900

Eine Plakat-Illustration für Castell-Bleistifte, die 1928
anläßlich der Olympiade entstanden ist

Zum 150jährigen Jubiläum der Bleistiftfabrik A. W. Faber in Stein bei Nürnberg mit Faber-Castellstiften für „Velhagen & Klasings Monatshefte" gezeichnet von Ernst Seifert.

Ernst Seifert erstellte anläßlich des 150jährigen
Firmenjubiläums diese Zeichnung mit Faber-Castell-Stiften

Die Firma
A.W. Faber-Castell heute

Mit ihren holzgefaßten Stiften ist die Firma Faber-Castell mit mehr als 1,8 Milliarden Blei- und Farbstiften im Jahr der bedeutendste Hersteller der Welt. Was die weiteren hochwertigen Schreib-, Mal- und Zeichengeräte angeht, zählt Faber-Castell zu den Marktführern. Zu Ende des Jahrhunderts wird die sich seit 238 Jahren in gleicher Familienhand befindliche Firma in achter Generation von Anton Wolfgang Graf von Faber-Castell geleitet. Weltweit betreibt Faber-Castell 13 Fertigungsstätten und 17 Vertriebsgesellschaften, in denen rund 5500 Mitarbeiter, davon 750 in einem Wiederaufforstungsprojekt in Brasilien, beschäftigt sind. Die weltweiten Geschäfte in den Vermarktungsregionen Europa/Nordamerika, Lateinamerika und Asien/Pazifik werden unter dem Dach der Faber-Castellschen Unternehmensverwaltung (Management Holding) mit Sitz in Stein bei Nürnberg koordiniert. Der Gruppenumsatz belief sich 1998 auf 588 Millionen

Mark brutto und 537 Millionen Mark konsolidiert. Von 1997 auf 1998 wurde – trotz der Finanzkrise in Asien – nach dem Umsatzplus von 23 Prozent im Jahr 1997 noch einmal ein Plus von 5,2 Prozent erreicht.

Doch nicht nur mit der Produktion von Schreib- und Malgerät befaßt sich Faber-Castell: Die Firma ist auch im Bereich Kosmetik (Private Label) erfolgreich, berät mit der Faber-Castell Consulting mittelständische Unternehmen in Fragen der Datenverarbeitung, Organisation und Betriebswirtschaft und engagiert sich mit der Immobiliengesellschaft Faber-Castell Projetos Imobiliarios in Brasilien für die umfangreichen Urbanisierungsmaßnahmen in Sao Carlos.

1997

Die geschiedene Frau des englischen Thronfolgers Prince Charles, Prinzessin Diana, stirbt in Paris nach einem Autounfall.
Weltweit herrscht Betroffenheit, die wochenlang anhält. Die Ursache des Unfalls wurde nie eindeutig geklärt.

Im Andenken an den umsichtigen Unternehmer Lothar von Faber achtet man im Unternehmen Faber-Castell auch heute noch auf soziale Verantwortung. So wurde die Hauszeile am Mecklenburger Platz saniert, die den Mitarbeitern der Firma noch heute als Wohnsiedlung dient, und den Erfordernissen der Zeit entsprechend die ökologische Dimension in der Schreibgeräteherstellung bedacht. Der Bleistift ist ja an sich schon ein umweltfreundliches Produkt, da er überwiegend aus recyclebaren Naturstoffen besteht. 1992 war Faber-Castell darüber hinaus das erste Unternehmen weltweit, das ein Verfahren entwickelte, mit dem die Stifte mit neuem, lösungsfreien Wasserlack bzw. Wasserlasur überzogen werden können.

Anton Wolfgang Graf von Faber-Castell ist heute der Geschäftsführende Gesellschafter der Unternehmensgruppe Faber-Castell

Auch was die einzelnen Produkte angeht, gelten Lothar von Fabers Grundsätze noch heute: der „Faber-Castell alpha matic" etwa, ein Druckbleistift mit vollautomatischer feiner Mine, ist ein ganz besonderer Stift, im „alpha-matic Executive" mit Goldauflage oder im „alpha-matic Titanium" wird Lothars Tradition, das Beste und nur das Beste zu produzieren, fortgeführt. Oder, wie Roland Doreth das ausdrückt: „Ein qualitativ hochwertiges Produkt mit innovativer Technik wird in einer exklusiven und vielseitigen Erscheinungsform dem Käufer angeboten." Mit der Edellinie „Graf von Faber-Castell" wendet sich die Firma an anspruchsvolle Schreiber: Architekten, Kreative, Macher aus Wirtschaft und Politik, mit dem besonderen Geschmack, der bekanntlich schon immer etwas teurer war: Eine Kassette mit versilberten Taschenstiften kostet 475 Mark.

Der Konkurrenzdruck ist heute noch höher als zu Lothar von Fabers Zeiten, denn Amerikaner und Chinesen überschwemmen den Weltmarkt mit Billigprodukten. Der Wettbewerb mit den deutschen Konkurrenten Staedtler und Lyra dagegen hat sich auf ein anderes Terrain verlegt. Faber und Staedtler ließen die Gerichte entscheiden, wer das ältere Unternehmen sei, ein Titel, den auch Lyra für sich in Anspruch nahm. Graf Anton Wolfgang hat den Prozeß gewonnen und für eine schöne PR-Kampagne genutzt.

Wenn der deutsche Graf heute seine Tochtergesellschaft in Brasilien besucht, wird er festlich empfangen: In weißgrünen Uniformen spielt die firmeneigene Blaskapelle auf, und der Bürgermeister von Sao Carlos betet für die Bleistifte und den „Mr. Count from Germany". Denn nach der Währungsreform von 1994 stieg der Umsatz der Firma um 35 Prozent und 1995 um noch einmal sieben Prozent auf fast 190 Millionen Mark. Nun zahlt sich auch aus, daß Graf von Faber-Castell von der Holzproduktion bis zum fertigen Bleistift die gesamte Wertschöpfungskette in seine Hand brachte.

Während weltweit die Holzpreise um jährlich fünf Prozent steigen, sinken sie bei Faber um den gleichen Prozentsatz, denn in Brasilien werden die Pinienwälder für die Bleistiftfabrikation in nur zwölf Jahren hochgezogen, während die Amerikaner auf 70 Jahre alte, wesentlich teurere Zedern angewiesen sind. Um seinen Vorsprung in Sachen Holz weiter auszubauen, hat der Graf 1997 20 Millionen Mark in die Aufforstung der Wälder in Brasilien gesteckt. Die Mischwälder im heimischen

Das neuere der beiden brasilianischen Werke in Sao Carlos, das ein Wiederaufforstungsprojekt in der südbrasilianischen Savanne betreibt. Heute ist das Werk mit 1,5 Mrd. Stiften pro Jahr die größte Blei- und Farbstiftfabrik der Welt

Franken eignen sich nämlich bedauerlicherweise nicht zur Herstellung von Bleistiften.

Wie schrieb Lothar von Faber 1873? „Ich bin der Ansicht, daß unendlich viel Wasser durch die Brücke in Stein laufen wird, bis hier wieder einer geboren wird, der ebenso viel arbeitet wie ich!" Anders, als er das voraussah, hatte Lothar von Faber doch äußerst würdige Erben. So sagte Anton Wolfgang Graf von Faber-Castell 1994 und blieb damit ganz in der Tradition des großen Firmengründers:

„Unser Ziel ist der Markt. Der wirtschaftliche Erfolg ist dabei Ergebnis unseres marktorientierten Handelns, das nicht zuletzt vom Zusammenwirken aller Mitarbeiter getragen werden muß. Aber ein Unternehmen ist auch Teil der Gesellschaft, und das verpflichtet heute mehr denn je zu verantwortlichem Denken und Handeln. Zum Beispiel beim Umweltschutz. Wie Faber-Castell die Holzversorgung in Brasilien gelöst hat, zeigt, wie ernst wir diese Verpflichtung nehmen. Für die Milliarden holzgefaßter Stifte muß kein einziger Urwaldriese sterben, denn es geht auch anders."

Im Jahre 1993 wurde noch einmal ein neues, für die Firma Faber-Castell bedeutsames Kapitel aufgeschlagen. Nach einer Vorbereitungszeit von drei Jahren fand eine sogenannte „Neuausrichtung" sowohl in der Sortimentsstrategie als auch dem Markenbild statt. Denn Anton Wolfgang Graf von Faber-Castell hatte nach eigenen Worten

1998

Nach 16 Jahren an der Macht wird Bundeskanzler Helmut Kohl bei der Bundestagswahl abgewählt. Kanzler einer rot-grünen Koalition wird der SPD-Politiker Gerhard Schröder. Kohl gibt den Parteivorsitz der CDU an Wolfgang Schäuble ab.

11 90 64

11 90 65

18 81 21

18 31 00

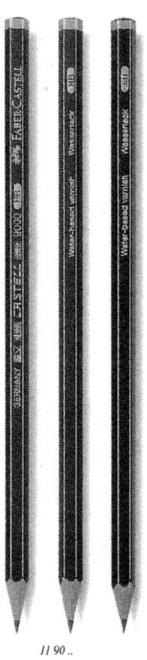

11 90 ..

Härtegradtabelle Abstrichproben der CASTELL-Minenhärten																
Härtegradbezeichnungen	8B	7B	6B	5B	4B	3B	2B	B	HB	F	H	2H	3H	4H	5H	6H
Härtegradbezeichnungen bei Bestell-Nr.	08	07	06	05	04	03	02	01	00	10	11	12	13	14	15	16
zum Schreiben und Zeichnen						●	●	●	●	●	●					
zum Zeichnen, Skizzieren und Schraffieren	●	●	●	●	●	●	●	●	●	●	●					
lichtpausreif	●	●	●	●	●	●	●	●	●	●	●	●	●	●	●	
für technisches Zeichnen									●	●	●	●	●	●	●	
zum Zeichnen von Vermessungsplänen											●	●	●	●	●	●
zum Zeichnen auf harten Flächen																●
für Zeichenfolien mit leicht angerauhter Oberfläche									●	●	●	●	●	●	●	●

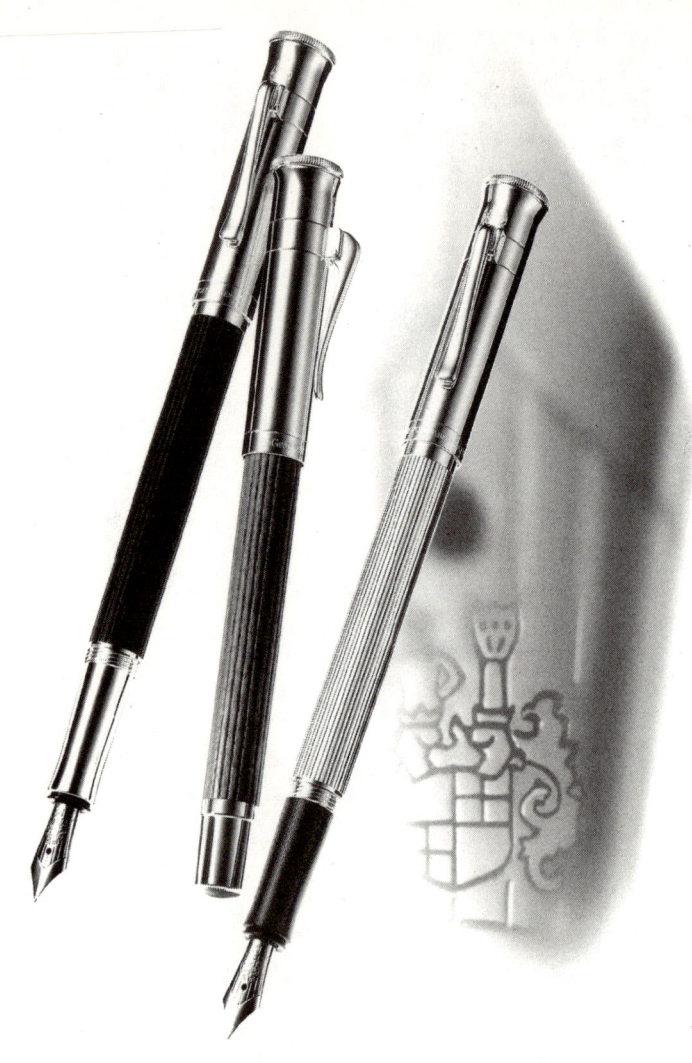

Füllhalter der exklusiven „Graf von Faber-Castell"-Linie. Die aufwendig gestalteten Produkte zeichnen sich vor allem durch Kombination von edlem Holz und Metall aus

gerade bei Messebesuchen „immer wieder das Gefühl, daß es Marktartikler gab, die im Auftritt noch überzeugender wirkten, als Faber-Castell. Auf diesem Feld, Profilierung und Positionierung der Marke, hatten wir eindeutig Defizite, an denen wir über zwei Jahre gearbeitet haben."

Ziele, strategischer Rahmen und verbindliche Strukturen sind in einem Positionierungspapier des Unternehmens Faber-Castell festgehalten. Darin finden sich das Bekenntnis zum Markenartikel, zur Familientradition, zu höchster Qualität sowie zur Umweltverträglichkeit und Naturkompetenz, und zwar für alle Bereiche von der Sparte Spielen & Lernen, Art & Graphic, Premium sowie die Bereiche Allgemeines Schreiben und Markieren. Beim Griffel-Werkzeug fürs Büro geht es dabei um eindeutige Identifizierbarkeit, der Fachausdruck lautet „Dachmarkenpenetration durch markentypisches Design", wofür ein Corporate Design für das gesamte Erscheinungsbild des Unternehmens entwickelt wurde.

Zugleich mit dem Branchen-Neuauftritt präsentierte Faber-Castell unter dem Namen „Graf von Faber-Castell" eine neue Linie ungewöhnlich exklusiver Bleistifte und Accessoires rund um den Stift, wodurch das eher unscheinbare Alltagsprodukt auf ein neues unverwechselbares Niveau gehoben wurde, wie es Jürgen Franzke *(Der Bleistift)* formuliert. Die Kollektion mit den kannelierten Bleistiften mit den silbernen Verlängerern oder dem „perfekten" Bleistift mit eingebautem Spitzer, den anspruchsvollen Drehstiften oder den Taschenstif-

Das „Ritterturnier" als Motiv auf einem aktuellen Katalog

ten mit eleganten Verlängerern und Spitzenschonern ist Ausdruck der Rückbesinnung auf die hochwertigen historischen Stifte des vorigen Jahrhunderts. Ende der 90er Jahre umfaßt das Gesamtsortiment der Firma Faber-Castell rund 1800 Artikelvarianten von umweltfreundlichen Stiften für den Vorschulbereich bis zum hochwertigen Schreibgerät, von trockenen und flüssigen Schreib- und Markiergeräten für das Büro bis zum anspruchsvollen Künstler- und Graphikerbedarf. „Tradition hat Zukunft" lautet das Firmen-Motto, zum Stichwort Markenbild heißt es in der Imagebroschüre von 1993:

„Auffälligstes Merkmal ist das goldene Wort-Bild-Zeichen auf dunkelgrünem Grund: das Casteller Ritterturnier, (das) bereits seit 1905 die ‚wehrhafte' Qualität der grünen Stifte (symbolisiert). Jahrzehntelang kämpften die Ritter mit ihren Bleistiftlanzen auf Packungen und Plakaten. Diese Markenritter, lange Zeit als werbliches Ausdrucksmittel verschollen, sind wieder lebendig geworden, lebendig als unverwechselbare Bestandteile einer großen Marke!"

Bibliographie:

Das Bleistiftschloß. München 1986

Roland Doreth: Lothar von Faber. Ein innovativer Unternehmer in der Bleistiftindustrie des 19. Jahrhunderts. Freie wissenschaftliche Arbeit zur Erlangung des akademischen Grades „Diplom-Handelslehrer", Friedrich-Alexander-Universität Erlangen-Nürnberg, 1994

Dieter Eich: Lothar von Faber. Ein Nürnberger Unternehmer des 19. Jahrhunderts. Freie wissenschaftliche Arbeit zur Erlangung des akademischen Grades „Diplom-Kaufmann", Friedrich-Alexander-Universität Erlangen-Nürnberg, 1969

Herny Petrowski: Der Bleistift. Basel 1995

Karl Sengfelder: Stein a.d. Rednitz. Ein Beitrag zur Geschichte der engeren Umgebung der Stadt Nürnberg. Nürnberg 1933

U.E. Sebald (Hrsg.): Die Bleistiftfabrik von A.W. Faber zu Stein bei Nürnberg. Ein historische Skizze von A.W. Faber. Nürnberg 1861.

Bildquellen:

Alle Abbildungen aus dem Archiv der A.W. Faber-Castell GmbH & Co

Made in Germany –
Das Jahrhundert der Erfindungen

Wilfried Geldner
Adi Dassler
160 S., zahlr. s/w-Abb.
Ullstein TB 35876

Juliane Nitzke-Dürr
Lothar Freiherr von Faber
160 S., zahlr. s/w-Abb.
Ullstein TB 35872

Christl Bronnenmeyer
Max Grundig
160 S., zahlr. s/w-Abb.
Ullstein TB 35877

Karl-Otto Saur
Friedrich Krupp
160 S., zahlr. s/w-Abb.
Ullstein TB 35875

Bettina Jung
August Oetker
160 S., zahlr. s/w-Abb.
Ullstein TB 35874

Joachim Hauschild
Philip Rosenthal
160 S., zahlr. s/w-Abb.
Ullstein TB 35873

Helmut Pigge
Ferdinand Graf von Zeppelin
176 S., zahlr. s/w Abb.
Ullstein TB 35870

Fabian Müller
Ferdinand Porsche
160 S., zahlr. s/w-Abb.
Ullstein TB 35871

Das rechte Wort zur rechten Zeit

Die humorvolle und schlagfertige Antwort will der aufstrebende Small-Talker, Jung-Manager und Ich-Bastler nicht mehr in verstaubten Zitatensätzen suchen.
Mit diesem Handbuch gegen die Sprachlosigkeit kommt Leben in die auswegloseste Situation.
Die »Erste-Hilfe-Bibel« für alle, die sich verbal nicht geschlagen geben wollen – und wer will das schon?

Wolf Montabaur
999 clevere Antworten auf 1000 dummdreiste Alltagsfragen
Mit Small-Talk-Stichwortregister
216 Seiten
Ullstein TB 35805

 Ullstein Taschenbuch